大展好書　好書大展
品嘗好書　冠群可期

大展好書　好書大展
品嘗好書　冠群可期

•校園系列•

1

讀書集中術

多湖輝著；陳秀淳譯

大展出版社有限公司

前言

常聽學生說「雖然很用功，成績卻一直沒有起色」「雖然讀了，內容卻進不了頭腦裡。」甚至有人認為「自己頭腦不好」而想放棄。但是現在就談放棄，未免言之過早了。

我認為左右成績好壞的不是頭腦，也不是讀書時間的長短，而是該如何集中精神於課業上。即使頭腦再好，卻心情焦躁、注意力無法集中的話，所讀的也是進不了頭腦裡的。再怎麼長時間坐在桌前讀，一旦厭煩，集中力消失的話，坐在桌前也只是形式罷了，是產生不了任何效果的。

另一方面，集中精神努力用功，情形又如何呢？雖然只用功一小時，但比起散漫地讀三、四小時，成果卻大多了。所謂集中即頭腦、心靈都朝同一方向，使能量充分運轉之意。這也就是渾然忘我的狀態。一旦能達到這種狀態，就會產生自己意想不到的力量，發揮意料外的作用。

讀者不妨想想自己在運動或遊戲時，渾然忘我的狀態。例如，在泥濘中忘我地奮力踢足球；一心不亂地練習演奏樂器等。相信各位都有一、二種這樣的經驗。這時，無論周圍如何吵雜，情形如何紊亂，根本毫不在意。集中狀態就是這種一心不亂的狀態。讀者只要能創造集中狀態，就可以提昇各種效率，該記住的自然就會記住了。

換句話說，集中力可說是控制成績的「王牌」。不過有些學生說他們可以在運動或遊戲時專心，卻無法在讀書上專心。

但從心理學的觀點來看，不論讀書或運動，集中的原理都是一樣的。我認為只要去除妨礙集中力的六項原因，就可以真正集中心志了。

妨礙集中的六項原因包括「急躁」「厭倦」「姑息」「壓迫」「放棄」「輕視」等。一旦心志中含有其中一項原因，就會注意力渙散，再怎麼長時間坐在書桌前，也是沒有任何作用的。相反地，如果能去除這六項原因，就可以發揮高度的集中力了。

本書分別於各章敍述去除這六項原因的方法。如果你感到「

急躁」或「厭倦」讀書時，就請翻開本書查閱一番。而各章所敍述的技巧，全都有心理學的根據，任何人都能很快地學會。讀者不妨嘗試一番，必定立刻恢復集中力，提高集中的能力。

只要學會本書的集中技巧，對於考取理想學校及將來的學生生活，一定有所幫助的。

多湖 輝

一九九三年三月三日

目錄

第二章　封鎖厭倦的學習集中術

・去除妨礙集中的心中「嘮叨」方法

第三章　斷絕姑息的學習集中術

第四章　反用壓迫的學習集中術

・去除心中妨礙集中的「畏懼」

第五章　抗拒放棄的學習集中術

・去除心中妨礙集中的「提心吊膽」

第六章　防止輕視的學習集中術

・去除妨礙集中的馬虎心理

第一章

去除急躁的學習集中術

● 去除妨礙集中的六項原因

去除急躁的學習集中術①

瀏覽當天的「征服科目」，排定攻略的優先順位

坐在桌前正打算用功讀書時，卻怎麽也無法集中精神，腦中一片茫然——你有沒有這樣的經驗呢？「幾何」題棘手難解、英文作文絞盡腦汁，還要默背英文單字、本國文化史……等等。想到此便心情急躁，無法集中精神。

但是當你無法集中精神時，與「合格」的距離就差之千里了。這時，什麽都不要想，只要集中於一個課題上就好，以下便告訴各位如何收起坐在桌前時的散漫精神。

這也是我常用的方法。我常受託寫稿，頻頻苦於趕稿，尤其是積壓三、四份稿時，實在痛苦不堪。這時，我會先過目邀稿的主題，然後再翻閱相關的資料和筆記。

邊翻閱邊思索該從何著手。漸漸地，我就會找出自己最感興趣的一部份——當然，並非所有的情形都是如此，不過大致都能決定最想寫的部份。就從這裡開始，即使有三、四份稿子要趕，也能出乎意料地在短時間內完成。

讀書考試也是同樣的道理。讀書前先將這天該讀的部份過目一遍，決定該從何著手。這樣就能集中於每一課題，順暢地讀下去了。

六項妨礙集中力的原因中，「急躁」尤其是敵中大敵，越急躁越無法集中精神。本章便為各位介紹去除急躁的集中術。

去除急躁的學習集中術②
開始集中心力於一項事物後，就不要區隔時間，要持續到厭倦為止

訂立學習計劃時，你是不是會像學校課程表一樣，精細地規劃時間表呢？例如，六點／晚餐、七點—七點半／洗澡、七點半—八點半／數學、八點四十五分—九點四十五分／英文作文、十點—十一點半／化學、十一點四十五分—十二點四十五分／國文……等等。我很能理解這種訂立計劃，打算用功讀書的心情，可是這樣只會適得其反罷了！這類細微區隔的讀書計劃，只會降低你的效率。

按照上述的計劃進行，英文作文可能比平常進行地順利，以往不明白的問題現在都了解了——這時足證你的情緒很高昂。或許，集中力也發揮到最大限度了。

儘管如此，到了九點四十五分後，你都得按照計劃結束才行。這實在是件很可惜的事。因為此時你的頭腦正像沙漠竭力汲取水分一樣，正是全力吸取英文作文知識的狀態。這種「

集中引擎」全開的情形，是一天中難得的，與散漫地學習相比，可得二—三倍的知識量。但是若強力中斷英文作文，開始讀化學，所得的知識量不過如平常罷了。在這種情形下，就未必能考取理想的學校了。

雖然這樣一來，所有的計劃都被破壞了，但一旦集中心力後，就最好不要理會計劃，一直持續到你集中力消失為止。

去除焦躁的學習集中術③

藉著讀書等暖身運動，創造「集中學習」的勇猛力量

明明知道要用功，卻無法集中心力讀書——相信這是每位學生最大的苦惱。這時，即使勉強自己閱讀教科書上的文字，也是沒用的。就像朗誦自己也不了解的經文一樣，不過是浪費寶貴的時間罷了。

開始讀教科書後，如果所讀的進不了腦海裡，應該暫時中斷閱讀。不妨翻翻讀過的舊書、削削鉛筆等，做一些讀書前的「暖身運動」。透過這種暖身運動再開始用功，就能很快地進入情況了。

事實上，當我自己打算工作，卻精神散漫無法集中時，就會先翻翻舊書，或做些自己習慣的事情。這樣，不知不覺地我就會開始埋頭於工作裡了。

暖身運動可說是使精神能量朝特定方向使力的「水路」，如此一來，就可摒除腦海裡的雜念，使精神之流流往一特定的方向。然後就能一氣呵成，專注、集中心力了。

也就是說，不要直接接觸學習的事物，可以先做做別的事情，摒除雜念，逐漸提高集中力後，就很容易集中在學習的事物上了。我稱此為「助跑效果」，在心情低落、精神無法集中時特別有效。

如果是很在意這項學習，而心情又極易焦躁的人，可以從必須學習的項目中，挑選簡單易做的先做。即使這個簡單的作業居中間，或結尾的部份也無妨。因為簡單，所以心情即使散漫也很容易完成；如此完成幾個簡單的部分後，就可以形成有心用功的心態了。

在此須注意的是，當做暖身的作業應避免與原來的用功項目類似。例如，要讀歷史時，就應避免以翻閱雜誌為暖身運動。

因為如此一來，「閱讀」雜誌就會被當成「閱讀」歷史的代替行為。藉由表面上「閱讀」的類似行為，使你取得滿足感，就會完全喪失建立「水路」的幹勁了。因此，我主張當作暖身的作業，應與原先欲用功的作業完全無關才行。

去除焦躁的學習集中術④

每一科目都很在意卻無法集中時，全部一齊著手

如果要用功的科目只有一種時，就很容易集中了。不過，現實沒有這麼如意，因此往往不知從何著手才好。即使一一排定順序了，也常會疑慮還沒著手的可能比較重要，因而心生不安，結果便無法集中心力了。

對這種情形，我建議各位最好全部同時進行。不要在意這、在意那，就全部著手吧！或許有人以為這樣會半途而廢，或不能集中精神，不過這用不著擔心。

總之，嘗試看看。將各個部份先大致瀏覽過，這樣就可以了解整體該如何進行了。而且，這也是一種先前的「暖身運動」，可以產生讓你好好專注用功的「助跑效果」。如此一來，你就不會分心去想眼前以外的科目，也就能提高每一項學習的集中程度了。

此外，全部著手也可使你在瀏覽過後，清楚地分辨出各個難易度與重要性。否則若光是思索，你以為困難或重要的，其實並非如此呢！這個方法也可說是各項科目進行時的指南圖。只要有此指南圖在腦海裡，就不會產生不必要的不安了。

如此一來，就很容易判斷該從何著手了。由難至易，或由易至難都無妨。我個人是主張

集中學習的秘訣①

找出優先順位

先讀自己喜歡的或拿手的科目

等到學習順暢時再著手難題

最好從最須集中的困難處著手，否則久了身體感到疲累，再來著手困難的地方就很費力了。

像這樣，學習時將重點置於自己在意或困難的地方，也是提高集中力的方法之一。

這時須注意的是，若未全部瀏覽過以前，切勿移到下一個學習步驟。否則半途而廢的狀態，只會使你更不安而已。

去除急躁的學習集中術⑤

焦躁的情緒無法遏抑時，不妨玩弄橡皮擦等手邊的小東西

有一次，我觀看自己的電視節目錄影時，發現了很驚訝的事情。就是節目終了前，我一邊說話，一邊轉動原子筆。雖然當時已經不記得這件事了，可是我知道理由很簡單。

節目終了之際，一面要注意導播的指示，「還剩幾秒」，一面要構思接下來該講的話。這時，頭腦要迅速轉動，以整理出該說的話，有時便因找不到話說，而感到非常焦躁。焦躁的情緒便反應在手的動作上，而我就是藉手的轉動來保持心志的集中。

人通常集中於某一事物而精神緊張時，總想活動一下身體。如抖動大腿就是其中的典型。藉由身體末端的緊張來緩和心情的緊張，可說是人類求取均衡的本能智慧。

這種智慧也可活用在考試讀書時。若感到心情焦躁，不妨活動一下身體。像抖腿，周圍如果沒人，就可大大地抖動。玩弄鉛筆或橡皮擦也行。相信這樣一來，就可以喚回因焦躁而喪失的集中力了。

去除急躁的學習集中術⑥

藉由跑步繞圈等身體劇烈的運動，來散發壓力

你曾看過在棒球比賽時，投手在比賽開始信號響完之際所投出的第一球，高飛掠過打者的頭上，擊中後方擋網的場面嗎？或是橄欖球比賽前夕，十五位選手大都同喝，高高跳起的情形嗎？

即使沒有看過，相信任何人都有這樣的經驗。就是在足球、或排球等運動比賽前，大夥一同活動身體、高聲吼叫的情形。這類動作的目的只有一個，就是去除比賽前的緊張與焦躁，以增加對比賽的集中力。

緊張或焦躁若放任不管時，只會使得情形更加惡化。這時不妨將此負面的心理能量轉換為肉體的能量，向外散發出去。大聲叫嚷、抖動身體，就是這種將緊張、焦躁向體外釋放出

去的行為。

這種技巧也可以用在考試讀書上。妨礙讀書意志集中的原因之一，就是心情焦躁。學習沒有進展，成績不見提升等情緒的焦躁若放任不管，即使坐在桌前也是枉然。這時就應活絡一下筋骨，除去焦躁。

就像運動比賽前夕大聲喊叫、跑步繞圈一樣。如果你擔心會妨礙周遭的人，緊握拳頭或伸個懶腰也行。總之，將心情的焦躁轉換為肉體的能量釋放出來，你就會覺得神清氣爽，也就能集中心志讀書了。

緊張或焦躁若不能當場藉身體的活動來消除的話，可以暫時先躺下來，這樣也可以先消除身體的緊張。精神分析師常會要求患者躺下來，就是要藉身體的放鬆來緩和心情的緣故。

去除焦躁的學習集中術⑦

學習沒有進展時，不妨找一個發洩的對象來去除衝動

巨人捧球隊教練長嶋據傳每逢球隊輸球時，回到休息室後就會踢衣物櫃以示憤怒。長嶋教練自球員時代起就以善於掌握時機而聞名，這也可以說是他的集中力。我認為掌

集中學習的秘訣②

應配合「當時的狀況」

實在無法集中時就暫停學習，上床睡覺

對不拿手的科目，可以從只讀10分鐘開始

握集中力的秘訣就在這個「發洩」。發洩其實就是一種精神淨化。

積存於心中的焦躁或衝動，會形成集中力的阻礙。這種焦躁或衝動也可說是負面的精神能量，但若藉著對某個客體的「發洩」而活動身體，就可將之「昇華」，轉換為肉體能量。同時，藉此攻擊行為也可消除攻擊本能所積存的挫折。

各位或許有這種經驗，雖然默默用功，但因心中積存了衝動、焦躁而無法再讀下去。這時，你可以依前項所提及的，藉由肢體的活動來減弱衝動，但若透過發洩這種較具攻擊性的行為，衝動往往就可以消除了。

我在學生時代每逢學習沒有進展、心情焦躁時，就會拿起竹刀來空揮，直到汗流浹背為止，根本忘記了還有考試。這時，若將討厭的老師當成假想敵，就更有效了。先前的焦躁、衝動往往能一掃而光，然後再回到書本上去。我是較常揮竹刀，其他如揮棒、打沙包或摔破不必要的器具等都行。

再者，考試讀書時因為長久坐在書桌前，常會造成運動不足的現象。就消除運動不足的意義來看，也可以說是「一石兩鳥」的去除焦躁法。

去除急躁的學習集中術⑧

沒有學習時間，才是學習的時機

考試就是與時間的戰爭。隨著時間的迫近，一年、半年、三個月，心情也變得七上八下的。是否有考生會說「沒時間了」，或「既然沒時間，那念不念不都一樣嗎」，而自暴自棄呢？

在你發牢騷或自暴自棄前，請等等。如果你還有時間發牢騷或自暴自棄，即使是一分鐘，何不用來讀書呢？事實上，沒有比「沒時間」這種更好用來集中學習的時機了。比起平常用功一小時，這時真正努力一小時，成果卻會多出個二、三倍。

這是因為「只剩一點時間了」，或「今天工作一定要完成」的迫切感，會使你產生集中力，自然提升學習的效率。就如俗語說「火災時有傻勁」一般，人在面對非常情況時，往往會產生自己意想不到的力量。同樣地，時機緊迫時就是如此。

我的朋友就有一些人在截稿前悠哉悠哉的，一直到只剩幾小時時才開始趕稿，可是也能完成平常達不到的超水準來。

當然，如果特意創造時機緊迫的狀態就不夠聰明了。不過，也希望各位了解在貪玩、偷懶後，也是絕佳的學習時機。在山窮水盡的情形下，沈睡的「潛在集中力」就會被激發出來了。

去除急躁的學習集中術⑨

讀書時心中焦躁，可練習緩緩吸氣、吐氣

你還記得以前做完體操時，都會深呼吸嗎?深深吸一口氣，再大大吐出來，然後就會覺得心情無比舒暢。這種深呼吸法也可用來去除考試前的焦躁、衝動。

用功時如果感到心情焦躁，胸口暗藏衝動，注意力無法集中時，不妨坐在桌前，慢慢吸氣、吐氣。一定可以使你集中力全開，再次回到書桌前。

深呼吸的鬆弛效果從坐禪就可以得到證明。這種在醫學上已被視為具有精神統一價值的坐禪方法，其實就是「減少呼吸次數的調息法」。也就是深深吸氣使下腹膨脹，再慢慢吐出來的減少呼吸次數的方法。這可使得自律神經系統的活動趨於正常，緩和心臟的負擔，使身心變得平靜。

據研究，坐禪時未必得正襟危坐，重要的是深呼吸。讀書時或讀書前，不妨藉著深呼吸

集中學習的秘訣③

賺取「報酬」

學習告一段落後就可以看電視等，製造「學習後的快樂」

與父母約定考取大學後，就可以買自己想要的東西

來創造集中力。

去除急躁的學習集中術⑩

注意到自己的弱點時，試著對自己說「總會有辦法的」

讀書時，每次一想到自己棘手的科目或領域時，總會讓人心情低落。邊數著自己較弱的科目，邊想著「難道還要再讀這些東西嗎？」人也變得越來越洩氣，甚至擔心被這些較弱的科目連累，而成績不理想。這樣一來，當然就無法集中精神了，結果只是變得越來越在意自己的弱點而已。

因此，在實際情況還未發生前，就會陷入「預期恐怖」狀態。「該怎麼辦……真糟糕」，心生恐懼、不安。然後焦躁地想迴避這種結果，但焦躁卻讓你更加不安。嚴重時，甚至演變成強迫神經症。

即使沒有到這種地步，也會有「考試前要改善這個科目是不可能的」的不安情緒，重考生或許也擔憂「會不會重演去年名落孫山的結果呢？」。不僅沒有集中學習，反而因不安變得更在意那些科目。個性拘謹或性情較軟弱的人，這種傾向更強。

但是再怎麼不安、悲觀，仍然無法解決問題，只會妨礙集中學習、減低效率罷了！這時，只能敞開心扉，對自己說「一定會有辦法的」，勇敢面對挑戰。事實上，我見過全力面對挑戰，戰勝自己較差那一科的學生。相反地，若只是每天哀聲嘆氣，不肯面對難題，是無法考上理想學校的。

有句禪語說：「欲以一波消一波，千波萬漂交交起」。意思是說「想要以焦躁來對抗焦躁，只會更焦躁。因此，不要焦躁，要心平氣和」。

簡單說，就是要敞開心扉，對自己敞開心扉「如果停止學習，只會更焦躁。因此，缺點、焦躁全都拋諸腦後，敞開心扉就好了。

戰前，知識分子之間流行「一定有辦法的」這句話。在學習不順利，遇到挫折時這樣對自己說，會使你情緒和緩，不會在意眼前的一些小事……講得誇張一點，與悠久、無限的天地、自然相比，人何其渺小呀！這點煩惱又算什麼呢！何不敞開心胸想開點？這種態度是非常重要的。

去除急躁的學習集中術⑪

讀書時掛上「Don't disturb」的牌子，避免受人干擾

雖然想好好用功，可是不時有朋友打電話來，或是媽媽送來宵夜，使得用功的情緒屢次被中斷。集中力一旦被中斷，要再恢復就得花上相當的時間了。

為預防這種情形，可以在房門口掛上「Don't disturb」的牌子，謝絕其他人出入。這樣也可以激起自己潛在的集中力，效果不錯。

這是在旅館為了避免人來打擾睡眠，所掛的牌子。不過，不僅是睡眠，讀書等不希望有人干擾的時候，都可以用這種方法，使你有效地在短時間內產生集中力。

去除急躁的學習集中術⑫

自己煮宵夜有轉換學習心情的效果

大腦生理學證明，手腳的運動與腦部活動關係密切。用手工作、削鉛筆等行為，從活絡

腦機能的觀點來看，非常有效。散步等也同樣有益於腦部的運作。

也就是說，用功並非要一直盯著書本看，積極地活動手腳對我們的頭腦更有益，也更能提高集中力。不過，這不是要讀者在房裡踏步。

而是，不妨趁讀書的空檔動動手腳。

例如，吃宵夜時。許多人常熬夜讀書，在現在食慾旺盛的年齡，不少人便有中途吃宵夜的習慣。宵夜通常是由母親端來房裡給你，不過自己也可動手做做。那怕只是泡碗麵，可以使你的頭腦暫時離開緊張狀態，對轉換心情而言是非常好的。

也就是說，因為長時間盯著書本，思考便逐漸僵滯，這時趁宵夜時間活動手腳，轉換心情，就可送入新鮮的「氧氣」給頭腦。

雖說用功時要集中精神，但這並不是很困難的事。只要藉著一頓宵夜，就是學習集中術的絕佳材料。

第二章

封鎖厭倦的學習集中術

●去除妨礙集中的心中「嘮叨」方法

封鎖厭倦的學習集中術①

進入學習的集中狀態前，要有自己的「儀式」

每天要開始坐在桌前讀書時，你會做些什麽事呢？如果是削削鉛筆，把書桌收拾乾淨再讀書的話，那你一定很容易集中學習的。開始讀書前，先做些一貫的動作，也是心神集中的暖身方法。不論是削鉛筆、整理筆記本或喝茶都可以。

總之，清楚地將時間區隔開來是必要的。這種「儀式」可以去除雜念，創造集中學習的心境。就像小孩子睡前要抱著洋娃娃或棉被，才能安心入睡一樣。因為已經成了一定的習慣，所以稱做「就寢儀式」。

又如，插花、泡茶前有一套固定的規矩來整理用具；寫書法前要磨墨，絕不可用墨汁；練習劍道前要先瞑想一分鐘等等。這些都是為了提高接下來行動——泡茶、寫字、揮竹刀——的精神集中力的「儀式」、暖身運動。

或許你會認為將這種進入學習段落的習慣稱做「儀式」，過於慎重其事，可是這的確是從一個行動移至下一行動的心情轉換，是一種集中於新事物的手續。因此，讀書前一定要有這種固定的習慣，不拘內容為何。整理抽屜也行，削鉛筆也行。

像這樣，將固定的手續當成「儀式」，在讀書前重複施行，對自己而言或許沒有特別的意義，可是卻能消滅「掛心」，而形成移至下一個動作的準備心理。

如果這種「儀式」是自己嘗試過而得到很好效果的行為，那就更好了。

例如，以前每逢學習不順，喝了茶後就會有好效果的話，那麼今後用功前不妨先喝杯茶。也就是說，將學習前喝茶的「好習慣」予以「儀式」化。

進行這個「儀式」時，過去的好結果會浮上記憶，使你有自信這次也會跟以前一樣有好結果。這也可以說是自我暗示效果，是使你對學習抱持積極性，提高集中力的一大要素。

如果能心神集中，就一定能趕走學習時的「厭倦」。「厭倦」會使你喪失對學習的興趣，減低集中力。本章便為各位介紹封鎖「厭倦」的技巧。

封鎖厭倦的學習集中術②

學習能集中後，要將重點置於重要度，而非難易度上

詢問學生學習方法發現，大部分都是從容易著手，或較簡單的地方開始。

的確，這種方法可以使你對學習產生興趣，藉此而集中在這一天的學習上。

但是這種方法也有一個缺點，就是會使你只選擇學習簡單的東西，雖然會提升學習情緒，但遇到較困難，或不拿手的科目時，就無法轉換為集中學習的能量，而變成只挑選較容易的地方來學習。

有些心理學者將這種現象稱為「容易的陷阱」。若你是依難易度來排定學習的優先順位，往往就會落入這種陷阱。

這種學習法雖然很容易使你在書桌前集中精神，可是成果並不大。即使你因為解決了幾個簡單的問題，而產生「想要用功」的情緒，可是真正的入學考試，是不可能出這種簡單的試題的。以大學聯考而言，考生一定要了解各個科目的重點才行，可是自己專注學習的簡單部分，並非和重點完全一致。

因此，剛開始時可以從容易的著手，可是學習情緒高昂後，就一定要變更學習的方法。從以往只解決容易部分的方法，轉為掌握重要度的方法。若集中於考試容易出、較重要的部分，短時間內就可以得到很好的效果。

封鎖厭倦的學習集中術③

覺得學習零亂時，可以訂立時間表

我因為工作的關係，常有機會接觸公司的董事長及第一線的業務代表，他們幾乎都是按時間表來工作的。例如，客戶電話中交待的事要儘快處理，十點三十分開會、四十五分簽署文件、五十分出外拜訪客戶……等。

這種時間表使他們精神奕奕地埋頭工作。相反地，有些業務代表會認為時間非常充分、工作可以慢慢進行，但是卻因此變得精神散漫，工作也散漫。學生若想在學習上提高效率的話，就應該模仿上述訂立時間表的方式，以增加幹勁。

儘管財富、才能、運氣不是很公平，但時間對任何人都是公平的。不管是大富翁，或是在牢獄度日的死刑犯，一天的時間都是相同的。

就物理學而言，事實的確如此。但將此物理時間轉換成心理時間的話，情況就不一樣了。事實上，我們在工作、忍耐、享樂中所實際感受到的不是物理時間，而是心理時間。心理時間不同於物理時間，雖然都以一小時為單位，但長度不同，密度也有異。

物理時間雖然相同，但可藉由心理的技術來操縱我們所感受的時間長短和密度。而藉由心理時間的控制，就可提高學習的集中程度。

例如，冬季奧運將於一年後舉行，這時報紙寫著「距冬季奧運還有一年」，但若寫成「還有三百六十六天」或「還有三百六十二天」意義雖然相同，但接受者的感觸卻完全不同。較小的時間單位會令人產生迫切感，讓人覺得日子一天天逼近了。但「一年」卻會使人覺得日子還很長，對心理不會產生任何影響。

我自己也有類似的經驗。當編輯來催稿，說：「先生，還有三天就截稿了。」我會回答說：「是嗎？」然後心裡想著「還可以休息一天」。但是對方如果說：「還剩七十小時」，我就會一驚：「咦？」然後趕快動筆。

這種技巧也可以應用在考生上。例如，將「天」換算成「小時」，將「小時」換算成「分」。

許多考生對時間的運用都過於大而化之，例如只是簡略地要求「在×點左右」或「在×天左右」等。這種習慣會奪取緊張感，養成散漫的習性。因此，對日常時間單位的規劃要稍微嚴密一點，如開始讀書時不要訂為六點左右，而應訂為五點五十分；也不要說英文讀一小時左右，數學二小時左右，而應該是英文五十分鐘、數學問題練習一百分鐘……等，養成「迫不及待」的習性。

約——、——左右，會使你心生鬆懈，這是集中的大敵。在你來不及的時候，這種鬆懈就經常衍成焦躁。

藉由時間的區隔督促自己，排除內心的鬆懈狀態，自然就能立定勝利根基了。

集中學習的秘訣④

活用「機會」

學習進展順利時，是不會注意時間的

剛考完試後是提升學習效率的良機

封鎖厭倦的學習集中術④

讀書時要有讀完後講述給別人知道的準備

我曾問過影評家淀川長治先生，為何會從事目前的工作。淀川先生這樣告訴我：「我們全家都很喜歡看電影。小時候我就常跟著父母親一起去看電影。那時我的任務就是要將電影的情節，說給不能去看的家人聽。自然，為了詳細敍述電影情節，我就會緊盯著銀幕看。漸漸地，我就完全被電影的魅力俘虜了，因而從事目前這份工作。」

從集中力的觀點來看，淀川先生這番話是相當有含意的。他為了要將電影內容說給別人聽，因而認真地看電影。如果他不須負擔這個任務，或許只是散漫地、跟著父母親一起進電影院罷了！由於他總是認真地看，因此注意到了一般人所無法察覺的電影魅力，而日後也成了他獨特的影評基礎。這種結果是不難想像的。

讀書時也可以模仿淀川先生的方式，不要光是散漫地讀，應該準備事後要將內容說給別人聽。同學、父母、兄弟姊妹都行。將自己感興趣，或不太了解的地方說給他們聽。如果抱持這種心態的話，讀書時一定會很集中的。而且，所學的還會深印在腦海裡。

封鎖厭倦的學習集中術⑤

可採「遊戲化」的方式進行背誦

背英文單字、片語、或古文，實在是很單調乏味的事。可能背個十、二十個單字後，你就會心生厭倦，再也提不起勁來了。

背誦或許很單調、乏味，但是背誦經常能得到高分，因此還是得集中精神去背。在此為各位介紹祕訣。

不妨在「背誦」時加入遊戲的要素，這樣就會有趣多了。例如，背英文單字時，可以在圖表上作記錄「今天背了幾個字」。將今天的得分和以往「背誦的最高記錄」做一番比較。

像這樣，將單調的「背誦」化為「背誦遊戲」，就不會心生厭倦了。當你想說「今天一定要創造最高記錄」時，自然就會很集中了。

或者是和同伴「打賭」。例如，比賽一天能記多少英文單字，輸的人就請喝一杯咖啡。和朋友「玩遊戲」就會使你興致高昂，不知不覺就會背好更多的英文單字了。

封鎖厭倦的學習集中術⑥

對自己的前途感到茫然、不安時，可用文字或圖表標示目標

美國著名的創造性開發理論家、實踐家A・L・金巴格，主張用以下三種方法使目標明確：

①記述——儘量列舉目標、問題點。

②提出疑問。

③選擇正確的目標。

我也建議各位，用文字或圖表來列出①學習的目標。因為光只是在腦海裡想，只會感到一片茫然，是無法找出真正的目標的。

訂立學習的目標是很好的，但許多人所立的目標卻不夠明確。例如「想考上台灣大學」、或「下次模擬考成績要提高二十分」。有些學生確實因此目標，而產生幹勁，用功學習。但也有些卻仍然感到茫然，即使坐在書桌前也無法集中學習。

前者面對目標，知道自己要做的是什麼，但後者卻不知道，甚至不曉得這個目標是否為真正的目標。不了解目前事情的必要性，當然集中力就薄弱了。如此一來，效率不能增加，

目標不能實現也就可以想像了。

因此，各位不妨試著將自己所要達成的目標及其過程，用文字或圖表表明。例如，在紙上寫下「目標是台灣大學」，然後列出必要的條件，製作成時間表。如果寫得不順，就表示目標過於勉強，應該要加以修正才行。藉此你就可以明瞭現在該做的事，就可以發揮集中力了。

這一點也可以說是以往我在大學指導學生寫畢業論文的經驗。越缺乏意念的人，越無法集中學習，也就不能清楚地掌握自己想做的事。例如，有學生想以「親子關係」為題，問他「研究對象的年齡、性別，是長子還是么兒，是國內問題還是國外問題」時，卻感到茫然一片，雜亂無章。

因此，我要求他先決定好目標，然後將其中的過程、須要什麼、該做什麼，用圖表示出來。漸漸地，他就能掌握自己的意念，集中於自己的主題上了。不用說，他的畢業論文並不亞於其他學生。

封鎖厭倦的學習集中術⑦

如果想提高效率，不妨從不須花太多時間的科目開始

古典音樂的演奏會通常是從十五分鐘的小曲開始，然後是二十至三十分鐘的絃樂曲，最後才是將近一個小時的交響曲。先以輕鬆的小曲集中觀衆的注意力，最後才演奏最須集中力的曲子，實在是相當有智慧的方法。當然，這種方法也可以應用在學習上。

這天的學習從何開始，對學習的效率有很大的影響。有些學生讀書時會從英文閱讀、或數學問題練習等較生硬的部分開始，可是一開始就讀生硬的東西，反而很難形成集中力。因此，剛開始時不妨從不須花太多時間的科目著手。

不須花太多時間，也就是說內容較簡單。先從此著手，再念第二科、第三科，一一予以消化，最後剩下較難的一科。通常那都是較不拿手的科目。

由於進行順利，因此雖是最困難的一科，「念完這科今天就結束了！」也會以輕鬆的心情來面對。如果一來，原本須花二小時，可能一小時就念完了。這種意外單純的方法，可以將集中力發揮得淋漓盡致。

集中學習的秘訣⑤

決定「限制時間」

學習不拿手的科目時，一定要事先將鬧鐘 調到終了的時間

若感到倦怠時，就以分為單位訂立時間表

封鎖厭倦的學習集中術⑧

到飲茶店或稍遠的圖書館去用功吧

一些著名的作家在接近截稿日期時，會應出版社的要求，到飯店或旅館去蹲個幾天。這時，出版社都會儘量替他們安排一些豪華的旅館。

這並不是對著名作家的特別待遇。理由很單純，是要讓作家認為「為了我竟然花這麽多錢。應該要早點寫好才行……」，因此而引出集中力。

我經常到各處演講。演講前我都會先問問聽衆是不是要付費。因為付了費而進入演講會場的人，都會很專心地聆聽。相反地，免費進場時，聽衆多半欠缺集中力，態度也不太認真。這時，我也得改變演講的方式。

讀書也是一樣的。可以花點錢上飲茶店，出一點車錢到圖書館去。這時你便會想「我是花了錢來的」，而產生「促進集中」的效果。

封鎖厭倦的學習集中術⑨

實在無法集中時，就趕緊停止吧

一定要集中才行……越是這麼想，讀書就越難集中，相信大家都有這種經驗。尤其是自己較不拿手的科目……更讓你感到痛苦，雖刻意坐到書桌前，卻腦袋空空，教科書和參考書的文字都進不了腦海裡。即使可以集中，可以不到一個小時便雜念橫生，精神渙散。這時心想「糟了！」心情越加焦躁，越不能回到集中狀態。

因此，讀書前不妨告訴自己，「如果不能集中就暫停吧！」心情放輕鬆，反而較易集中。否則「一定要集中」，給自己壓力，反而承受不了，而產生反效果。

讀書時如果勉強自己，積壓的壓力反而會紊亂集中力。因此，不妨敞開心胸，告訴自己「隨時都可以停止」。這樣會讓你意外地集中精神，學習也就更順利了。

封鎖厭倦的學習集中術⑩

將想打電話，想看電視……等誘惑當成「獎賞」

當我說：「在馬臉上掛上胡蘿蔔使馬快跑的方法，有助於增進記憶。」時或許你會憤慨地駁道：「我和馬不同。」不過，利用與此原理相同的方法，確實可以提高集中力，增進記憶。

此方法是運用心理學的「報酬」原理。有趣的是，讓你精神渙散的原因，卻反過來可以當成集中的手段。

例如，讀書時常有想喝咖啡、想看電視、想打電話等誘惑。你不妨將此當成目標達到後，賞給自己的報酬。如此一來，為了早點得到這個「獎賞」，就會集中精神，而提早完成預定的學習量。

而且，努力以「獎賞」為目標的愉快記憶，還會使學習記憶保持長久。學者加西爾德就曾做過以下實驗。他分別給五十一位學生愉快和不愉快的經驗，三個禮拜後，回想起這次愉快經驗的有四二・八％，但想起不愉快經驗的只有二八・二％。

以「獎賞」為目標，發揮集中力的「愉快經驗」，在下次須要集中力時，也是一個重要關鍵。

封鎖厭倦的學習集中術⑪

讀書中途可以換穿完全不同的服裝

有些學生放學回來後，還是會穿著制服坐在桌前用功。這種連換衣服時間都很珍惜的心情，我很了解。可是這只會使讀書效率下降，集中力散漫而已。

只不過是換衣服、不換衣服罷了，怎麽會左右集中力呢？但是歷史事實可以向你證明。

明治維新「三傑」之一西鄉隆盛，在放棄官職，回到故鄉鹿兒島以後，一直穿著和服。連帶愛犬外出打獵時，也是身著和服。

但當桐野利秋、篠原國幹等人被私校學生擁戴發動西南戰爭時，他拿出了長久壓在行李箱底下的陸軍大將制服，穿在身上。原本沈默寡言的西鄉，一穿起制服就像對部下將兵顯示自己的「幹勁」似的，集中於戰火上。

有句話說：「那人穿起制服真是恰如其分。」彷佛那人的性格就是制服所象徵的內容，而長期穿著制服，的確很容易產生制服所屬的性格、階層等味道來。

心理學上將這種情形稱為「延長自我」。這種延長自我會使得改變穿著時，也連帶改變人本身。例如，警察穿著制服時會表現出謹言慎行、正直的形象，但換上家居服後，經常就會變成好玩樂的普通青年模樣。

許多人在無意識中也了解這一點，因此會特意穿上新的服裝。

這種方法不妨也用在讀書上面。如果穿著和白天上學時同樣的服裝，坐在桌前用功，或許自己也會感到「厭倦」。白天的疲勞再加上厭倦，是無法形成集中力的。這時，不妨改變你的穿著。

在家裡長時間用功也是如此。如果感到厭倦時，換身穿著試看看。這樣就能驅逐厭倦，得到新的集中能量。

封鎖厭倦的學習集中術⑫

故意把字寫漂亮一點，使眼前一新

日本的高速公路將原本應該是一直線的地方特意設計成彎路，來防止駕駛因厭倦、集中力散漫而發生意外事故。同樣地，考生也應下一番工夫來擊退自己的「厭倦」。

在此，首先建議各位的就是改變眼前的景象。也就是說，當你學習逐漸感到厭倦時，不妨加入新的「形態」，這樣至少暫時你會回到當初的新鮮感，又可以再次集中了。

集中學習的秘訣⑥

掌握「全部的流程」

進度停滯時就暫停，先確定剩下的分量

學習前全部瀏覽一遍，從會讓你產生幹勁的科目開始

例如，要背五頁的英文單字時，在你感到厭倦想打哈欠前，請拿起鉛筆來拼單字。從「背誦」到「寫下來背誦」，試著稍後改變眼前的事物。

或是寫在筆記本上，一筆一畫仔細地寫，考慮整體的平衡感以及字的大小。雖然看起來沒用，卻是不錯的方法。

不過要注意的是，即使改變了眼前的事物，可能不久後又會感到厭倦了。我在交通安全週的演講裡也常這麼說：「打破單調的方法一旦習慣，成了機械動作後是最危險的。」例如，有句標語說：「流汗總比流血好」，剛開始時確能引人注意，製造緊張感，但是看慣後，又漸漸成為普通的標語了。

因此，為了改變眼前事物所加入的形態不可以習慣化，到某一階段時還要製造新形態，厭倦時再重新構思——像這樣，一點點地變化才行。

封鎖厭倦的學習集中術⑬

想在短時間內集中的話，就要坐硬椅子、背挺直

學校的椅子為什麼較硬呢？為什麼不選擇較高級、柔軟的椅子？事實上，這是有深意的

。坐在硬椅子上時若姿勢正確，自然背就會挺直。背一挺直，肌肉就會緊張而刺激大腦。

也就是說，硬椅子可使學生的大腦更加活潑地運作，有助於提昇學習的效率。

一些新興的公司有以下這種特徵，即「無止盡會議」的集體思考。一直到想出好的點子為止，職員在會議室裡無止盡地交談。這時，職員不是坐在柔軟的沙發上，而是端坐在硬椅子上討論。或許創造性構想的泉源之一，就是來自這個細微的地方。

考前因為須要在短時間內集中精神，這時，就可以坐在硬椅子上，挺直背脊讀書。不僅可使頭腦清晰，也可在同一時間內比輕鬆姿勢地讀，多吸收二、三倍。

封鎖厭倦的學習集中術⑭

一個科目結束時，把這件事全忘掉

名指揮家卡拉揚有一個特別的癖好，就是收集飯店的鑰匙。不，應該說他是忘了還，就趕緊到下一個演奏地點去的緣故。

卡拉揚指揮時集中力的秘密之一，我認為就是將飯店鑰匙的「忘記歸還」，「忘掉」或許各位認為這是不好的，但事實上這是很重要的。因為若不忘掉過去的事情，就很難容納新的知識。

以戀愛來比喻或許各位就立刻明白。若不能忘記舊日戀人，心情鬱悶時，怎麽可能會有新的戀情呢？因為忘記，所以產生新的機緣，而集中於新的戀情上。只有忘記，才能得到新的東西。

學習時「忘記」也是很重要的。

如果還拘泥在一小時前數學的解法上，就算開始唸英文，也是不會有什麽收穫的。拘泥於數學上，就成為集中於英文上的障礙。

因此，若想集中學習英文，數學就要暫時忘記才行。

這時，做完數學後不妨好好休息，轉換心情。喝喝咖啡、翻閱自己喜歡的書或聽聽音樂都行。這樣才能完全忘掉剛才的科目，再進入下一個科目。

封鎖厭倦的學習集中術⑮

實在無法集中時，就先中斷，重新評估全局

改變了眼前的事物、改變了服裝、改變了順序，花了許多工夫創造集中力，可是仍然無

法集中時，該怎麼辦呢？

就我自身的經驗而言，寫一本書須稿紙三百張，為期一個月，似乎非常辛苦。我就做一番「心理的估計」，也就是說一天寫十張。於是開始執筆。當然，這是長期的作業，所以約進行一半的時候，就感到很厭倦了。

於是我回頭看一看工作成果。拿起桌上堆積如山的原稿，數一數張數。發現已經寫了一百五十張。又因之前一心不亂地拚命寫稿，所以到底進展如何連自己都忘了。便再查閱時間表，知道今天正是第十四天。也就是說，以一天十張的比例來看，多寫了十一張多。

「重新回顧作業」結束後，我再次專注前方。檢查剩餘的材料，思索整體的均衡等，結果發現後半部分要改變切口才行。可是這樣一來，或許進度就會落後了……想著想著，我的心又恢復了對工作的集中力，又興起埋首於下一張稿紙的意願。

也就是說，實在覺得欲振乏力時，就先中斷工作，暫時停下腳步回顧一番。就像爬山時，若只是直盯著前方，就會覺得似乎永遠地爬不完。長時間的學習，往往也會落入同樣的心理狀況。「到底什麼時候才會結束呢？」因為不曉得自己進展到什麼地步，而陷入一片惘然。結果就是哈欠連連，心有旁騖，欠缺集中力。

這時試著應用登山的智慧。當你覺得爬山簡直是蠢事時，就停下腳步看看下方，看看自己所走過的路。接著向前看，看到頂上時自然就會心生振奮，再合計還有多久可以登頂。這時，不知不覺就會湧現新的能量來……這就是登山的智慧。

與登山時總看不到山頂的情形相比，考試用功並非如此。只要從全體扣除先前完成的量，就大致可以知道終點了。光是再確認終點，中止作業就很有價值了。

若一味注意眼前的事物，多半是不會察覺已經陷入單調乏味中了。不過一想到不能集中，就越會惶恐。「沒有時間休息了……」害怕中斷就會衍生不良後果。但是這時務必要斷然中止，使頭腦冷靜下來才好。

封鎖厭倦的學習集中術⑯
有時可以一邊讀書，一邊做其他的事

「邊念邊玩」以前還被視為邪道，但現在已經不這麽想了。有許多國中生、高中生就邊聽音樂邊念書。儘管如此，一些父母還是會嘮叨說：「邊聽音樂邊念書，怎麽可能會認真？一定要集中才行。」

確實，有些人會把心放在音樂上而非書本上，或是突然發現自己正想著心儀的女孩。這是受妨礙集中的各種要因牽絆所造成的結果。但是相反地，「邊念邊玩」有時卻會產生驚人的集中學習效果。

為什麼同一時間做二件事會產生集中力呢?各位不妨先想想集中於一件事上的狀態。如先前的例子,邊聽音樂邊讀書時,若真專注讀書,那音樂是進不了耳朵的。究竟是什麼曲子,誰演奏的,恐怕事後都想不起來。因為意識是完全傾注於書本上的

一般人同時進行二件事時,不知不覺就會將意識集中於其中一方。利用這種心理法則,就可以培養在任何嘈雜的地方,也能集中學習的「耐性」。如果有這種「耐性」,讀書時也就會進展順利了。

當然,剛開始時有時注意力會轉到音樂上去,不過不必沮喪。如果在你意識的底層真想集中學習的話,那一定可以集中在學習上的。只要想通同時進行二件事,是要培養對抗阻礙集中力的「耐性」就行了。

封鎖厭倦的學習集中術⑰

覺得欠缺集中力時,就大聲朗讀教科書和參考書

請各位回想在小學或中學上國語課的時候。那時,在老師的催促下,全班大聲朗讀教科

書，而出聲讀書往往能趕走睡意，以全新的心情聆聽老師講課。

考前用功時如果感到厭倦、欠缺集中力時，不妨出聲朗讀教科書或參考書，出聲可以刺激大腦，使集中力復甦。不僅如此，知識也可以從聽覺進入，記憶就變得更深刻了。

許多學生都把持著讀書應該坐在桌前，默默閱讀的「固定觀念」。可是詢問他們為什麼要這樣時，卻沒有人答得出來。事實上，古時候的私塾都是出聲讀書的。

如果一直安靜卻能集中的人，自是另當別論，不過頭腦通常都會被雜念所支配。在分秒必爭的時刻，是無暇與雜念糾纏的。讀書時如果不能集中，就趕緊出聲讀吧！

封鎖厭倦的學習集中術⑱
讀書時聽的音樂要選擇節奏和緩的

最近在棒球比賽時也會播放音樂，但依種類的不同，效果也會改變。在工廠等單純肉體勞動的場所，播放節奏較快的音樂能提高工作效率，已經是衆所皆知的了。但是相對地，在從事精神活動時，若工作的節奏與音樂的節奏不能配合，反而會造成效率的低落。

讀書是須要高度集中力與思考力的智力作業。因此，節奏較快的爵士樂或熱情、吵鬧的

集中學習的秘訣⑦

改變「眼前事物」

和朋友比賽誰單字記得多，將「遊戲」帶入學習裡

感覺無趣時，試著將讀的東西寫下來

拉丁音樂反而會阻礙學習的工作。應該要選擇寧靜、節奏較和緩的情境音樂，這樣才能使思考的節奏與音樂的節奏充分吻合。

據美國心理學者研究音樂對學習效能的影響顯示，在單純的語彙、測驗方面，聽流行樂與古典樂的人比沒有聽音樂的人，成績更好。

但在閱讀方面，古典樂幾乎沒什麽影響，流行樂卻會對理解文句形成阻礙。其理由是因為流行樂的旋律較古典樂單純、明白，較易理解，而容易吸引人注意的緣故。

也就是說，在從事複雜的知識作業時，流行樂會以有意義的聲音進入人的耳裡，而對集中力、思考力造成不良的影響。但依科目內容的不同，所產生的影響也不同，這點須特別注意。

經常一手拿著單字表，搖晃著身體聽爵士樂的人，其效果如何我非常懷疑。還是為了事後能享受喜歡的音樂，在短時間內有效率地學習，才是好方法吧！

此外，深夜播放的節目中，一些不停說話的D・J可能會奪去你的注意力，最好還是不要聽。而情調音樂與巴洛克音樂，因曲調變化少，節奏一定，倒是能提昇你的學習效率。

想調整紊亂的心思時，可試著運動或練習才藝

以前或許你很少聽說「文武兼修」這句話，但實際上這並非不可能。經常有這樣的情形，以前只專注運動的學生到了第三年，卻進步神速。運動絕非學習的障礙，藉由運動所磨練出來的集中力，就可以運用在學習上。據某位中學老師說，班上的不良少年自從開始練足球後，整個人都變了。有一天，老師丟給他一個足球「你以後有空，就跟我一起練習吧！」從此之後他著迷於踢足球，而且還恢復了開朗的性情。

還有這樣的故事。以前學過插花，拿有執照，後因結婚而中斷的某位女性，有一天又踏進了插花教室大門。老師詢問她原因，她說是因為婚姻失敗而苦惱，只有在插花時心情才能得到平靜的緣故。

由以上例子可以知道，運動與練習才藝可以使不安與失意的人恢復生機，隱含著一股神奇的力量。這是因為一般的運動與才藝有一定的規則，且目的與目標就在眼前，具體而又清楚。不像將來要出人頭地、或成績向上，獲得他人信賴等那樣抽象。因此，精神較易集中，紊亂的心也較易得到統一。

例如射箭。為了射中標的，當然會將精神集中於那一點上。又如柔道、劍道等鬥技及所有的運動競賽，眼前就有具體的目標與敵人。而茶道、花道、書法等，既有嚴格的程序，又有具體的範本。

因此，將運動或才藝練習時所得的集中力運用在學習上，比起那些只是久在桌前用功的人，更能發揮高度的集中力，在短期間內就能得到很好的效果。不妨在讀書的空檔徹底地運動或練習才藝吧！這時的集中力，一定會回饋在學習上的。

封鎖厭倦的學習集中術⑳
避免在飯前、飯後用功

日本的經濟力現在已凌駕美國，成為「世界第一」了。就像電視上經常播映的，日本的汽車穿梭於世界各地的街道上。為什麼日本的經濟力會這麼強大呢？許多人都會回答說：因為日本人很勤勉。日本人常會自動加班、不休假，即使在午休時間倉促吃飯後，又立刻埋頭工作。這種情形讓人認為日本人非常「勤勉」。

讀書時「勤勉」也是必要的。但這裡所說的並非一味蠻幹，而是該如何提昇效率地勤勉。因此，像一般企業人士那樣連午休也吝惜的做法，並不聰明。

大腦生理學證明，我們的頭腦在吃飯的前後並不能充分運作。飯前，心的能量都集中在「想吃」上面；飯後，全身的活動能量都集中在消化系統上，因此頭腦的活動會變得遲緩。也就是說，飯前、飯後並非集中的好時間。這時充分地休息，對頭腦的管理是必要的。

封鎖厭倦的學習集中術㉑

吃宵夜時請走出書房

區別休息與學習是很重要的。就這意義而言，將麵湯或橘子汁滴到參考書上的人，可以說是不懂得如何運用時間。

「珍惜寸光陰」要珍惜的不是學習時間，而是休息時間。

因此，吃宵夜的時候請走出書房。在別處「洗滌」心靈後，集中力也就能恢復了。

第三章

斷絕姑息的學習集中術

●去除妨礙集中的心靈「勉強」的方法

斷絕姑息的學習集中術①

認為父母或老師會幫忙的人，無法集中學習

看馬拉松比賽轉播，就可以知道馬拉松其實是需要集中力的競技。從比賽的行列中，選手一個一個地落後了。而一開始落後，之後，差距就更大了。從這情形可以發現，一旦集中力消失的話，勝利就無望了。

馬拉松也可以說是與孤獨作戰的競技。沒有人可以援助你，只能倚賴自己拚命跑下去。想求助時，其實就是集中力消失的時候。

由馬拉松的例子各位也可以了解，想向人求助時是不會產生集中力的。只有面對孤獨的自己時，才會開始出現能量。

考試也是如此。如果你想向老師或父母求援，就不會產生集中力。而不能用功，當然也不能考取理想的學校。或者，你覺得讀書很辛苦，而想逃離呢？想逃離時集中力也會跟著消失。就像馬拉松賽一樣，刹時就跟對手形成極大的差距。

相反地，只要你對自己說：「總要想點辦法。」就一定會產生集中力的。

各位不妨想想，「背水一戰」的故事。漢朝名將韓信背對著河佈陣，自斷退路，以此激

勵部下存活之道除了戰勝外，別無他法。結果兵士們個個奮勇爭先，最後獲得了勝利。人一旦相信只能倚賴自己時，就會產生無比的力量來。

相反地，若對周圍的人懷有倚賴心時，就會引起雜念，心情變得更焦躁。許多人在學習不順利時，就會產生「我這麼辛苦，別人來幫助我是應該的」這種心理。本章將告訴各位斷絕姑息，集中於學習上的技巧。

斷絕姑息的學習集中術②

坐在桌前反覆對自己說：「現在心情很平靜。」

美國休爾茲博士曾發明一種自律訓練法。也就是藉由腹部呼吸，全身放鬆及自我暗示的方法，來達到自我控制心靈的目的。

在充滿壓力的現代社會，這種自律訓練法可以去除不安、安定精神，所以備受矚目。受考試束縛的不安、焦躁，也不妨利用這種方法予以去除。

例如，考前輕輕閉上眼睛，在心裡重複對自己說：「現在心情很平靜。」然後一一放鬆臉、下巴、脖子、肩膀、手臂、腳、腹部、背部等肌肉，緩緩呼吸。

只要藉著這種方法，等到你再張開眼睛，內心的狀態就會完全改變了。你將會驚訝不安已減少許多，而且能集中學習了。

當然，這種方法不僅是考前，平常在家中讀書的時候也可以嘗試一番。所有的不安將會減輕，效率也會大為提升。

斷絕姑息的學習集中術③

想要有好的開始時，時間到以前不要踏入書房

據某位建築設計師說，他家有一間獨立的設計室，是他工作的場所。但在工作開始前，以及午休一小時內，絕不會接近那裡一步。他說這樣就可以在工作開始時，產生一股奮力的衝勁。

賽跑選手在起跑前，會活動手腳或是在草地上打滾，極力不要意識到比賽這件事。因為他們都知道，在比賽前不要耗費太多力氣，要儲備能量才好。

這種方法考生不妨也拿來參考。與其在開始讀書前走入書房，東摸摸西摸摸，還不如不要進去，先儲備能量，再來一個好的開始。這樣開始讀書後，必能迅速進入情況，很快地集

中起精神。

起跑所掌握的勝敗關鍵，並不只是在運動方面。

斷絕姑息的學習集中術④

想集中做不想做的事情時，先徹底做好想做的事

集中力並不是想就會有的，一定要先做點事情才行。但是通常第一步是很難跨出去的。面對堆積如山的功課，常會浮現雜念，即使想好好用功，卻無法集中精神。

這時，暫且不理會讀書，想想自己想做的事情也是一個好方法。讀想讀的書、集中在自己感興趣的事物上。

總之，一想到最想做的事情時，就立即集中徹底去做，不要只當成暖身運動而已。想打電動玩具、想打網球都好，徹底進行個一小時。

像這樣，徹底、集中地做某一件事，再回到書本面前，你會意外地發現心情輕鬆許多。當然，做完想做的事後，介意的心情會減少也是原因之一。不過不僅是如此，徹底、集中做某一件事後，集中力也會轉移到其他對象上。這就是所謂的「助跑效果」。這個效果遠比暖

身運動效果更大。

徹底學習自己喜歡的科目也行。注意力散漫、成績不佳的學生，並不是每一個科目都很差，只要徹底集中在那個最拿手的科目上，就可以使成績變好。藉此「引爆劑」，其他較差的科目成績也會跟著提升。

或者，積極參與課外活動的學生，意外地成績也會很好，這種例子並不少。

學習的第一步若是很難跨時，先徹底去做想做的，或拿手的事。由此而得的集中力再轉移至其他對象時，即使是自己不拿手、或不想做的事，照樣也能集中精神完成。

斷絕姑息的學習集中術⑤

將全體細分化、排定順序，是集中於不拿手科目的秘訣

有「火箭博士」之稱，對日本宇宙開發貢獻良多的糸川英夫先生，自大學教職退休後，以本身淵博的學問，仍於各界相當活躍。他的多才多藝媒體都廣為報導，其中又以大提琴的演奏特別著名。糸川先生的練習方法和一般人稍有不同，要練習一首曲子時，據說他會先看看這首曲子有幾小節。

例如，一首三十小節的曲子，他會一天練一小節，分三十天全部練習完畢。而且他也不按順序來，通常是從最簡單的小節，即使是最後一小節也行，開始練起。

第二天再挑剩下的二十九小節中最簡單的來練習……雖然次序零亂，練起來卻興趣盎然。用這種練習方法，雖是最初看樂譜時感覺很困難的曲子，最後也都能拉得很好。

糸川先生的方法從心理學來看，也是相當合理的。因為人類想找藉口停止的心理，比想做些什麼的意志還來的強烈，認為困難時多半會裹足不前。但糸川先生卻懂得讓自己先嚐到成功的滋味，實在是很明智的方法。

這個方法也可以運用在讀書時想要集中上面。例如，遇到相當困難，要集中二小時來學習的地方時，若不花點工夫排定順序，中途就會起厭煩之意，甚至放棄了這次學習。

因此，不妨把要學習的部分劃分成五分鐘、或十分鐘就可以完成的小段落，從最簡單的那個段落開始著手。這樣你就不會半途而廢，而能確實得到「成功體驗」。這個體驗會使你對下一個段落產生集中力，最後必能完成這次的學習。如果最前面的段落看起來似乎不太容易，也可以從你最感興趣的部分開始。

黑澤明先生可說是電影界的國王，世界著名的導演。他在寫劇本時，並不像一般的編劇一樣架構整個情節，而是將自己最想寫的東西一口氣先寫下來。然後再寫下一個部分，最後用巧妙的手法將寫成的部分連接起來。無數名作就是利用這種「連接法」形成的。

不僅是拍電影，任何學習都有開始與結束。即使有心從頭到尾好好學習，但是若光著眼於困難的部分，只會更覺得痛苦。不妨試著將整個過程細分化，從自己最感興趣的「部分」開始著手。

整體看來絲毫沒有吸引力的學習，若試著詳細區分各個部分，就像爬階梯時每往上爬一級，就仔細玩味一番，往往會使你發現意外的樂趣。先攻略一部分後，獲得成功體驗，之後再以更高的集中力攻略全體。

斷絕姑息的學習集中術⑥
讀書前必要的教材、文具要準備齊全

書讀到一半，突然「咦，橡皮擦到那裡去了」或「那本參考書拿到那裡去了」等，然後急急忙忙尋找的情形，相信大家都經歷過吧！如果立刻找到還好，否則只是浪費時間罷了！

更糟的是，有可能還因此中斷了好不容易培養來的集中力。

讀書不單是讀久一點就行了。如何集中精神才是勝敗的關鍵。好不容易形成的集中力卻因尋找橡皮擦、或削鉛筆中斷了。這樣即使想好好用功，恐怕也是沒什麼效果的。

集中學習的秘訣⑧

掌握「規律」

為了避免讀到一半時因找不到橡皮擦而焦慮，事前就應該準備好學習用具

學習時應避免快節奏的音樂，宜選聽節奏和緩的音樂

對考生來說，時間是很寶貴的，集中力的有無對效率影響很大，絕不要做這種愚蠢的事來。

方法很簡單。就是在用功前，將鉛筆、橡皮擦、原子筆、圓規等文具，以及筆記本、教科書、參考書、題庫等全部都準備好。鉛筆也多削幾支放著。

然後「好，開始吧！」一股作氣，就不會在中途干擾集中力了。

斷絕姑息的學習集中術⑦
用自己「喜歡的方法」來學習不喜歡的科目

學習時若嚐到全體或部分的成功滋味，或感到興趣時，就是一種愉快的體驗。這種愉快的體驗會使你對不喜歡的事物，產生學習的意願，因此可說是集中力「內發動機」的重要要素。

以前我曾經看過一次游泳比賽的電視轉播，對一位女子二〇〇公尺自由式冠軍的選手的訪談，讓我印象深刻。

她在訪談時這麽說：

「對我而言，再也沒有比游泳更快樂的事了。因此即使一天游個一萬公尺或一萬六〇〇〇公尺，我也不覺得苦。因為感到快樂，所以也就能締造好的成績。」

我對她一天練習量之多感到非常驚訝。不過比起她的「愉快」體驗，那些苛酷的練習實在是微不足道了。

因此，當我們遇到不喜歡、根本沒有學習意願的科目時，不妨積極地應用這種愉快體驗，使自己產生幹勁，提高集中力。

我有一位朋友是職業校對，從事這項工作已經十年了。校對是需要集中力與耐性，但單調的工作。我問他是否會感到厭倦，他卻給了我意外的答案。

他說剛開始時確實會感到厭煩，沒有耐心，但發現錯字時卻產生一股快感，像是一種找碴兒的樂趣。「找到了」時，使他興起一股鬥志，因此能繼續集中看下去，也就能發現他人的疏忽或錯字了。

在幼兒的音樂教育方面，也有一種類似的鈴木教學法。就是將以往小提琴教師所謂的長調教法，改成斷音斷奏法。藉此，小孩子們都能從中獲得樂趣，而持續練習下去，學習效果當然也就變得更好了。

尤其是在學習不喜歡的科目時，「做完一本題庫，就買ＣＤ來聽」等，試著製造愉快體驗，這樣就能打開集中之道了。

斷絕姑息的學習集中術⑧

學習討厭的科目時，應逐漸延長集中的時間

無論如何都無法集中的一大原因，就是缺乏意願。以心理學來分析，缺乏意願就是對對象有棘手意識、缺乏親切感、或是有惡劣的記憶等所形成的。在此便為各位介紹，因棘手意識或欠缺親切感以後，缺乏意願時，該如何形成集中力的技巧。

缺乏親切感大致是因為不習慣。由於所處環境缺乏接觸機會所形成的。當然，有些是頭一次遭遇到。通常在好奇心的驅使下，這些都會被忽略過去。不過有時卻沒這麼容易。

我中學時有一位朋友英文很差。大部分的學生在中學剛接觸英文時，會因好奇、新鮮，而認真學習個一年左右。但是他一放完暑假，就完全喪失學習意願了。一看到英文就心情沈重，連老師的講解也聽不進去，成績越來越差，最後連課也不來上了。

他憂心忡忡地去找老師商量，老師這樣建議他，每天打開教科書五分鐘，不必朗讀也不必寫，一個月後，每天十分鐘，但要在筆記本上練習寫。再一個月後每天十分鐘，同時朗讀教科書。這期間如果不想上課就不要來，但如果想上課就一定要來。這似乎是相當合理的方法。

這個方法使他恢復了生機。頭一個月每天五分鐘——他感到非常痛苦。但就他以往的情形來看，這並不意外。不過一個月過後，他心底興起了想要學習的意願，也開始回去上課。結果一天十分鐘的學習二個禮拜就「畢業」了。

很快地，一天增加為三十分鐘，一個小時，終於和其他同學一樣正常學習了。畢業時，他的英文成績還是全校數一數二的呢！

像這樣，他頭一個月每天看五分鐘英文教科書的功課，可以說是日後突飛猛進的基礎。五分鐘的短暫學習，使他心情變得輕鬆。若是每天要看一個小時的話，肯定是絕對無法持久的，甚至「症狀」還會更惡化。正因為老師說：「只要五分鐘就行了」，使他有信心自己一定能辦到。

人類的集中力是不可能持久的。一般人真正能集中的時間約是二十至二十五分鐘。而且，即使要集中個二十分鐘也不是很容易的。因此，只要五分鐘時，雖然「缺乏親切感」也很容易集中。

總之，從一天忍耐五分鐘開始，持續一個月看看。此後再逐漸延長時間。這樣，即使面對的是討厭的科目，也一定能培養出集中力的。

將學習不拿手的科目化為「習慣」

任何人總有一、二件事提不起幹勁。總是無法產生集中力，當然，結果也不會令自己很滿意。

這時，不要拚命想著要集中精神。不妨把這件事當成「興趣」，使它逐漸成為自己生活中的「習慣」。

例如，法國著名的哲學家兼詩人波爾•瓦雷里，習慣每天在黎明時起床，將當時的所思所想立刻記在筆記上。剛開始時，他也覺得很難辦到，也不認為這件事有多麽重要。但逐漸地，這已經成了他生活中固定的習慣。結果，以往想不到的點子或想法都浮現腦海，筆記內容也充實了許多。他日後的偉大成就，事實上就是奠基於這個單純的習慣。

學習時，想征服自己不拿手的科目的話，不妨模仿瓦雷里這個方法。養成每天早起讀書的習慣，至少以往的棘手意識，或是想逃避的念頭就會淡薄許多。這樣也就能確保較易發揮集中力的精神狀態了。

不然，也可以集結同伴嘗試這個方法。例如，四、五個數學較差的同伴，每天一早到學

集中學習的秘訣⑨

變化「姿勢」

坐著會累時，就躺著讀

用右手寫字時，應放鬆左手和兩腳

校一起學習，互相勉勵，藉此鞭策意志不堅的自己，就可以度過這段艱苦的時期了。與其獨自面對枯燥乏味的教科書，還不如結伴共同學習。任何不拿手，或不感興趣的事物，只要成為自己生活中的習慣後，就很容易集中了。

斷絕姑息的學習集中術⑩

利用上躍等肢體動作宣洩感情，以增強集中力

我們通常稱臉上不表露情感的人是「撲克臉」。撲克臉這句話原是指在打撲克牌時，為了不讓對方看穿自己手上的牌，要刻意抑遏感情、表面上不動聲色的行為。因為在心理戰色彩濃厚的撲克牌遊戲中，讓對方識破自己的感情就很難獲勝了。

雖不能「眉目傳情」，但人類原本就有將心裡的喜怒哀樂表現於外的意欲。

例如，發現自己的準考證號碼在錄取榜單上時，典型的反應就是瞬時高興地跳起來，一路走回家時，也是喜不自勝、手舞足蹈的。相反地，落榜的就是表情黯淡、心情沈痛地似乎隨時都會哭出來。垂頭喪氣地，彷彿雙腳被上了鐐鏈似的，拖著沈重的腳步離開。

像這樣，不論是喜是悲，情緒越激動，就越會敏感地反應在肉體上。若能利用這種身心

緊密結合的現象，就能製造出使集中力提升的行動模式來。

據心理學實驗結果顯示，人的心理與肉體關係密切，若給予肉體刺激，心理也會跟著產生微妙的變化。也就是說，不僅肉體受心所左右，心也受肉體的左右。因此若能巧妙地控制肉體，就能形成較高度的集中力。

運用這個原理，養成由肢體控制心理的能力時，就算遇到自己不想學習的科目，或考前緊張時，也不會受感情的左右而喪失處理問題的集中力了。

利用肢體的活動來控制感情的方法，日常裡就要隨時培養。光是用想的「如果這樣就這麼做」，遇到「萬一」時，是無法如願行動的。因此事先就要牢記規則，使自己無論遇到什麼情況都會有集中力。

例如，和女朋友約會後心情興奮不已時，試著慢慢喝茶。考試成績不佳時，可以大聲唱唱歌。

圍棋名士在遇到對方下錯手時，會說「對不起」然後去上廁所。這是因為怕自己太高興，以後犯下同樣錯誤的防備心理。

像這樣，若能培養肉體行動的固定模式，就能隨時抱持平常心努力學習了。

斷絕姑息的學習集中術⑪

腦海中有雜念浮現時，試著將其記錄下來

我們的腦海裡經常想著各種事情。各樣的觀念、聯想、想像、幻想等同時湧現，然後又一一消失。讀書時同樣也會出現這種情形。這時，無論是翻開參考書或看題庫，都無法一心不亂地埋頭去讀。

總是無法集中。與眼前書本無關的各種聯想、幻想，即雜念，阻礙了你的集中力。雖然很想集中學習，但若未清楚掌握這種雜念的種類、內容或其源頭，恐怕你仍然莫可奈何。

這時，我會將這種時而浮現時而消失的念頭，記錄在手邊的紙上。反覆讀幾遍後，也就會了解自己是被什麼東西奪去了注意力，它是以怎樣的形態出現等。而且也能清楚地掌握該如何去除，使自己再度集中於學習上。

如果放任這些雜念不管，反而會成為揮之不去的陰影，即使想好好坐在桌前用功也是枉然，最後甚至還可能到達無法收拾的地步。

通常我們會以為該記錄下來的是有意義的構想，或必須記住的事情。但是記錄的效用並不限於此。將乍看不起眼的雜念記錄下來，事實上對提高集中力而言，深具意義。

斷絕姑息的學習集中術⑫

決定自己獨處的時間、地點、姿勢等「集中模式」

環境對學習時能否集中，有很大的影響。而其中尤須注意的就是對學習地點的選擇。許多作家都有挑選自己創作地點的習慣。如江戶川亂步先生據說是在「倉庫」裡工作；而森村誠一先生則「購買國宅當成工作室，以免受家人干擾」。

當然，並不是模仿他們二人的方法就會產生集中力的。不過由此可知，為了發揮集中力，應該選擇工作地點。總之，選擇一個自己容易集中的地點，經常來使用它。

即使是客廳、浴室、圖書館都行，只要是自己曾經有過心情集中、學習順利經驗的地點都可以。

選擇一個自己最能集中的地方，這樣每當到那裡時，就會條件反射地集中起精神來。

人在集中時多半會有連自己也沒有察覺到的「模式」出現。蹲下，右手握球桿，閉上一隻眼睛、測量距離——只要是高爾夫球迷，相信都會很熟悉青木功選手這個擊球姿勢。或許他也是原本經過幾次錯誤後，為了穩定心情，集中於擊球上，終於採用這個姿勢而成為習慣也說不定。因此，青木選手總能將球揮入洞中。

據說林肯在讀書時會把腳放在桌子上。不管是怎樣的姿勢，只要有自己的姿勢，就很容易形成集中力了。

斷絕姑息的學習集中術⑬

不要總是拘泥於「自己的地方」，考試才能發揮力量

有「自己的地方」對提高集中力而言，是很有效的訓練方法。但是同時也須注意到，不能只拘泥於「自己的地方」。

上班族流行一句話「帶回家做」。就是把文件、報告帶回自己家做。有些是因為時間來不及，不得已「帶回家做」。但是有些人是因為只有「帶回家做」，事情才會做得好。

就我的經驗而言，這種「在家學習」型的學生很多。有幾次我要求學生今天交報告，但卻有人要求：「老師，我可不可以帶回家做，明天早上交。」勉強答應後，第二天拿來了非常好的報告。如果我堅持一定要在學校完成時，交來的卻是很粗糙的東西，讓我懷疑是不是同一個學生寫的。

這可以說是本末倒置了。調整周圍的環境，只是要讓自己習慣「集中」的精神操作，並

集中學習的秘訣⑩

徹底地「休息」

中途休息時最好走出書房

休息的前半段時間絕不要去想課業的問題

非是養成「只能在某個特定場所集中」的習慣。

學習時或許還無所謂，但在重要的考試場合就糟了。因此若學會了在「自己的地方」集中的技巧，掌握了集中的祕訣後，在其他場所也應該嘗試一番。

著名的宇宙工學者糸川英夫先生，據說在準備大學入學考試時，並不常在自己的房間讀書。兄弟頗多的他有自己的房間，但是他對「自己的地方」並不很執著。那麼，他究竟在那裡讀書呢？在電車內、洗澡時、上廁所時。總之，就是「隨時隨地」當做是自己的書房來用功。當天在試場考試時，他應該也是如常發揮集中力，展現實力吧！

若總是拘泥於「自己的房間」「自己的地方」，反而不易發揮實力。因此，應找尋數個可以集中的地方，當成是「自己的房間」「自己的地方」，掌握排除不利集中的祕訣。然後，再訓練自己把所有的地方都當成是「自己的房間」「自己的地方」。

斷絕姑息的學習集中術⑭

在家時應該在二樓，不要在一樓讀

曾在一、二樓讀過書的人，相信都會發現在二樓讀比在一樓更能集中。

仔細想想也沒錯。一樓是住宅生活空間的中心，廚房、浴室、洗衣機、廁所等聲音嘈雜，再加上門口出出入入的人聲，窗前的車水馬龍，都會分散人的注意力。

相對地，二樓不僅可以免於這種困擾，同時遠眺窗外的景色也可以使眼睛恢復疲勞，所以是較適合的讀書地點。

斷絕姑息的學習集中術⑮

桌燈不宜過亮

照明過暗或過亮對提高集中力而言都有不良影響。但就心理層面而言，影響就不同了。

一般而言，照明過亮會使注意力擴散。各位想想白天和晚上的行動就可以了解了。白天要在豔陽下用功是不太可能的。人在眩目的光線下是很難平靜下來集中的。強烈的光線使眼睛容易疲勞，周圍的事物也因容易看得清楚，反而易使精神渙散。

通常，讀書或學習時以四〇～三〇〇勒克司的光線最適宜。但是各人最適合的照明度也各不相同。「過亮」「過暗」只不過是個人的感覺罷了。

但是像近代化的辦公室或研究所那樣，亮煌煌的螢光燈，因為過亮反而不易集中。過亮的光線對人而言，就如同白天的太陽光線一樣。

過亮的光線如何抹殺集中力，各位想想熬夜的經驗就會明白了。傍晚開始讀書後，原本沒有打算要熬夜的，卻興致一來埋首於書間，不知不覺竟然天亮了——相信各位都有這種經驗吧！雖然疲倦但因能集中，這種自我滿足感使你依然精神奕奕的。正想乘勝追擊，繼續用功下去時，突然早晨耀眼的陽光射進房間裡，使你心情不知怎地浮躁了起來。彷彿整個房間突然變得紛亂一片，自己也無法再靜心讀下去。

像這樣，過亮的光線是會妨礙集中的。暫時不論好惡，就以單純的物理刺激而言，比起白天「視覺的雜音」的光亮來，晚上較暗的光線反而使人較易平靜下來，更適合於讀書。為了想看清桌上的參考書而點燈過亮的人，是會得到反效果的。

斷絕姑息的學習集中術⑯

讀書時若起了三次雜念，就變換科目或暫停

讀書時若發現自己正在想著毫不相干的事情時，「這樣不行！」會立刻調整心情回到書本上。但若雜念一再出現時，我認為只要出現三次就應立刻停止這一科的學習，改換其他科

目，或乾脆先休息一會兒。

雜念若出現三次，就表示集中力已經消失了。缺乏集中力時即使勉強自己用功，也是枉然的。

第四章

反用壓迫的學習集中術

●去除心中妨礙集中的「畏懼」

反用壓迫的學習集中術①

讀書前舉行「學習儀式」，提高情緒

你覺得自己的學習方法有效嗎？還是覺得學得還不夠……考生在學習時或多或少都會感到壓力，而心生畏懼。如果這種「畏懼」能使你奮起那還好，但若過度形成一種焦躁，紊亂了集中力就糟了，那該如何去除壓迫、不安，使自己集中於學習上呢？

有人輾轉難眠時，就會「一隻羊、二隻羊、三隻羊……」地數。也有人在睡前喝一杯酒，就會立刻睡著。心理學將這種睡前所做的事稱為「就寢儀式」。

藉著進行「就寢儀式」，可使人的心集中於睡眠上。但不僅是睡眠，想使心集中於某件事時，舉行「儀式」是相當有幫助的。

讀書時也是如此。例如，讀書前做三十次伏地挺身，或大喊數聲。有些考生就會出聲背誦三十個英文單字，或暗背歷史年號做為「學習儀式」。

養成在讀書前舉行「學習儀式」的習慣後，就不會有壓迫感，而能專心集中於學習上。本章將為各位介紹反用壓迫，改變情緒的集中術。

反用壓迫的學習集中術②

每讀二十分鐘就休息一次

如果你一天花三小時讀書，那這三小時是怎麽用的呢？「好，開始讀」若一直待在房裡，三小時後才出來，我只能說你這種熱情反而會弄巧成拙。

人類的集中力約只能持續二十至二十五分鐘。美國著名的效率研究家就建議大家採用二十五分鐘讀書法。每讀二十～二十五分鐘就休息十分鐘，極度的集中，每一小時二次。實在是很合理的方法。

反用壓迫的學習集中術③

右手拿筆寫字時，左手和腳要放鬆

讀書時，毫不鬆懈，某種程度的緊張感是必要的。但過度的不安與壓力，反而會使體力耗盡，對集中而言並非好事。欲使集中力持久，就應交替運用緊張與放鬆。以生理學來說明的話，放鬆就是鬆弛手、腳、脖子等隨意肌的緊張。當然，使身體完全休息或睡眠，就是一種放鬆。不過讀書時，也照樣可以放鬆。

例如，坐在桌前寫字時，主要的活動是慣用手的肌肉，因此其他部分就可以放輕鬆。美國電影常有職員伸長雙腳辦公的畫面。這就是藉著必要肌肉以外部分的休息，使精神集中，並省卻不必要疲勞的方法，可以說是相當有效的姿勢。

反用壓迫的學習集中術④
如果不喜歡坐著，躺著讀也行

我到加州大學柏克萊分校訪問時，發現學生聽課時不是躺著，就是坐在地上，這種情形令我大吃一驚。他們說只有採取最輕鬆的姿勢，課才聽得進去。這對習於國內端坐在桌前的教學形態的我來說，實在是新鮮的震撼。

這種合理性從大學的設備也看得出來。例如，圖書館裡有讓人伸腳用的檯子。為了避免學習的效率低落，各方面的細節都考慮得很周到。

美國故甘乃迪總統在白宮有張搖椅，就是一個很有名的故事。甘乃迪家族代代相傳的搖

集中學習的秘訣⑪

做「暖身運動」

坐下來，閉上眼睛，豎耳傾聽四周的聲音

學習前翻閱一下自己喜歡的書

椅，據說就是遵從醫師指示的。

有位研究者指出「藉由搖椅搖動身體，可促進血液循環，使肌肉功能活潑，關節柔軟，還可防止肺部的瘀血」。坐在搖椅中搖晃，頭腦就會變得活潑、靈活。

在家裡躺著讀書時，常會被人責備說要坐在桌前，或姿勢要正確等等。但我認為與其注重學習的形式，還不如採行以效率為第一的美式集中術。

以自己覺得輕鬆的姿勢來學習，不僅不會感到疲倦，也容易集中精神，才是最好的方法。

反用壓迫的學習集中術⑤

在安靜的地方不易集中時，就到熱鬧的地方去

我常在電車裡寫稿。比起坐在桌前寫，我覺得這種方法較易集中精神，寫得也較順利。當我這麼對人說時，常會得到這個疑問：「電車裡不是很擠、很吵嗎？」

但請仔細想一想。在電車裡反而才會感到孤獨。因為在這種與自己沒有任何關係的人群裡，任誰都是無法敞開心扉的。這也就是所謂的「群衆中的孤獨」。

通常，人在狹小的空間（自己的房間）比在廣大的空間（電車上）裡，更能集中精神。

但這不過是「物理空間」的比較罷了！

就「心理的空間」而言，電車上絕對比自己的房間還狹小，這就是會引出集中力的原因。

在安靜的書房裡雖想自我勉勵好好衝刺，卻總是無法集中學習時，不如到吵雜、「心理空間」狹小的地方去，例如，飲茶店、車站的候車室等。在那裡打開教科書或參考書，就會很意外地發現很快就能集中了。

反用壓迫的學習集中術⑥
休息時的前半段時間，絕不要去想讀書的事

「該休息了」雖然這麼說，卻一直想著筆記上的東西。像這種休息方法，實在是最不得要領的學習集中術。

因為休息之初對疲勞的恢復最為有效，此後就能漸漸放輕鬆。所以我認為想休息時，應放下所有的纏累好好休息。若還拖泥帶水地帶著學習的餘波，是無法得到充分休息的。而且，即使休息時間不長，若能在學習結束後立刻忘掉所有的東西，心情放輕鬆，頭腦也可以得到充分的休息。

反用壓迫的學習集中術⑦

學習中若有在意的雜事，就應該先處理掉

雖然訂立了長期的學習計劃，卻為眼前的事所困擾，相信這種情形經常會出現。雖然想好好實行這個月的計劃，卻擔憂明天的課題，或是想寫信、看牙齒等與學習無關的雜事橫梗於心頭。這時，若因注重大目標而放任不管這種心情時，反而會帶來負面的影響。

美國賓州大學醫學教授斯特克博士曾說：「認為必須做什麼的觀念或義務感，常形成莫名的緊張。」是與精神衰弱有關的第一要素。在這種狀態下，想趕走雜念、提升學習效率也是很困難的。

造成效率減退的原因，多半就是因為在意眼前的事。但令人意外的是，許多人並沒有發現這一點。拘泥於眼前的事雖然不好，但若真的因此而擔憂，以長遠的眼光來看，還是應該把它處理掉。

某位美國精神病學者就因教導患者立刻處理掉眼前的雜事，而治好了他的精神衰弱症。因此，若介意眼前的事情，就應該徹底將其處理掉才好。

讀書前，先用鬧鐘定下「結束的時間」

所謂「結束效果」，即結束前的集中力最高。讀書時若利用這點原理，可以得到很好的效果。例如，晚上八點開始讀書時，若打算一個小時後結束，就將鬧鐘調到九點，然後開始讀書。

這時，鬧鐘要擺在看不到的地方。讀書時不知鐘什麼時候會響，或許時間快到了，而產生想和時間競賽的心理。這種被追趕的心理，正是集中力得以發揮的原動力，使你可以一頭鑽進書堆中。

若一邊看著鬧鐘，計算時間，反而會使心神散漫。因此，不如把時鐘藏起來，提高緊張感，就可以產生很好的效果。

各位只要想想電視劇裡定時炸彈的情節，就會了解了。三十分鐘後炸彈就會爆炸，可是沒有人知道藏在那裡。刑警們拚命地搜查。還是沒有發現。時間一分一秒地過去了。觀衆們看得手心都冒汗了。這時，滴答滴答的音效更提高了緊張感，觀衆全都屏息凝神著。還剩五分鐘、還剩三分鐘、還剩一分鐘……。終於發現了……。

這種情節經常出現在電視劇中，但觀衆仍是百看不厭，正是因為在與時間的競賽中，能提高緊張感，使人易融入劇情中。這雖是一種遊戲，但若善加運用於學習上，也能提高集中力。

當然，如果每小時就玩一次這種遊戲，反而容易感到疲倦。一天一次就夠了。試著加入這種方法看看，很有效的。

反用壓迫的學習集中術⑨

睡前跟衆人宣佈「幾點要起床」

即使是平常很喜歡睡懶覺的人，遇到第二天要參加大學入學考試時，恐怕也是很難成眠的，而且還會比預定的時間更早起呢！難以成眠或早起都是因為心情很緊張的緣故。此外，人體有所謂的頭腦時鐘，所以每天早上都會自動淸醒。

這種頭腦時鐘當然不是真正的時鐘，而是所謂的時間感。即使手上沒有戴錶，也能在離家後知道過了多少時間了，或約略知道再過一小時就是七點了等等。不過這種本能也因人而異，有些人很敏銳，有些人卻很遲鈍。有些感覺敏銳的人對自己說：「以後只睡三十分鐘」

集中學習的秘訣⑫

養成習慣

讀書前先喝一杯茶

每天固定以一段時間，學習不拿手的科目

，三十分鐘後必定準時醒來。

但是一般人並沒有這麼精密的頭腦時鐘。想第二天七點起床時多半會有一個小時左右的誤差。而且還會受肉體或精神狀態的影響，並不能按自己所想的時間準時清醒。

不過，藉由訓練也可以得到很好的效果。每晚在睡前對家人宣佈：「我明天早上要×點起來。」不要調鬧鐘。然後對自己說：「一定要在×點起來。」藉由自我暗示及公開宣佈，增加緊張感。剛開始時或許會很勉強，但漸漸地也就能接近目標了。

這種訓練最重要的就是要公開宣佈。我稱之為「宣言效果」。若是一個人在外頭租房子時，可以在前晚打電話給朋友。意義也是相同的。

若能使頭腦時鐘「精密化」，對事物的集中力就會跟著提高。讀書時自己的身體就會意識到「只剩十分鐘可以用了」，而能充分地發揮力量。在日常生活裡進行這種訓練，也是很好的方法。

反用壓迫的學習集中術⑩

養成在短時間裡「速讀、默背、聯想」的習慣

我們在非常狀況時，常會無意識地喃喃自語，試著想集中精神。

將這種在緊張狀態時無意識的行為反過來意識化，就可以提高集中力。

以前深受人歡迎的名電視節目主持人德光和夫先生，從平常就訓練自己將外國人名、電視節目名稱、電影名稱、歌名、歷史人物等專有名詞做成索引，然後從中盡情聯想。這使他在非常情形時也能形成集中力。

我以前寫過一本有關考試技巧的書，之後就有許多考生寫信給我。

其中有位考取理想學校的人寫下他自己的經驗。他最讓我佩服的一點就是「藉著每天速讀電視播放的外國影片的片頭字幕」，克服了原本成績最差的英文科目。

這種在短時間內閱讀片頭的方法，使他專注於電視畫面。而且為了速讀英語這個棘手的外國語，精神變得緊張，集中力也就更能發揮。若持續這種狀態坐在桌前，當然也就能提升學習的效率。

像這樣，速讀、默背、聯想等「迅速地記住，確實地回想」有意識地在有限的時間內進行一連串的作業，對集中力的養成是有很大效果的。因爲任何學習是不可能有無限制的時間的，因此如何在有限的時間內有效率地學習，就是一個很重要的問題；如何養成瞬間的判斷力、集中力，對提升學習效果而言也是不可或缺的。

速讀、默背、聯想等對提高集中力的速度，都是很有效的訓練方法。藉由這種方法不僅可以鍛鍊集中力，而且處在類似的狀況時，也能下意識地應用這種訓練法，使得集中力更為提高。

反用壓迫的學習集中術⑪

躺在睡床上時，就反覆數著特定的數

很久以前，我看過比利・華特導演的推理電影『情婦』。由於職業的關係，我對於華特善用小道具來描寫人物心理的風格，非常感到興趣。其中『情婦』這部電影更讓我印象深刻。

在一半時間是描述法庭辯論的情節裡，查爾斯・洛敦所扮演的老律師，在這場幾乎沒有任何勝算的訴訟中，擔任被告辯護人。

這期間洛敦辯護律師罹患了心臟病，為預防心臟病發作，他在辯護席的桌上擺了一列藥丸。然後，藥丸一個個減少了。這場景象徵時間的流逝，但我認為華特導演這個手法還有另一層意義。

洛敦辯護律師一面聆聽檢察官詢問證人，一面數著藥丸的數目。在這場不利的審判中，接下來該如何進行呢，他絞盡腦汁拚命地想著。在這種需要高度集中力的場合，他為了集中精神，一個二個地數著剩下的藥丸。

他為什麼要這麼做呢？或許有些人會覺得很不可思議，但事實上理由很簡單。以心理學來看，反覆數數字是提高集中力相當有效的方法。

各位不妨實際試試看。例如，從一到十六，或從二到二十三，設定好數字後然後開始數。數到最後一個數字時，再往回數。這時，各位或許會意外發現很困難。但只要稍稍想其他的事，很快地這個數字又會浮上腦海了。

為了在預定的時間內正確地進行，就需要高度的集中力。反過來說，正確地重複練習也是提高集中力的好方法。那麼，該如何進行呢？

剛開始是五分鐘，每天躺在床上從一個數字數到另一個數字。若順利沒有失敗的話，就再延長為十分鐘、二十分鐘。

這個練習或許不能很快習慣，所以頭尾不妨選擇三或四這種中間數。每天加以練習，不知不覺就會養成集中力。

熟習這種訓練後，你將會很意外地發現，不論處在任何困境，你都能像洛敦辯護律師那樣應付自如。即使是面臨考試，也不會變得心情焦躁，而能冷靜地處理狀況了。

反用壓迫的學習集中術⑫

休息時盡情地遊玩

頭腦在極度集中後，會產生所謂的「休止狀態」，心的能量會停止釋放。因此，得補充新能量才行。但補充的方法因人而異。

已故作家新田次郎先生生前喜歡四處旅行。新田先生在精神集中、極度興奮時，通常只睡二、三小時，進入所謂「振筆疾書」的狀態。但持續二、三個禮拜後，就會精疲力盡倒下來。以後約二個禮拜的時間，每天只能茫然度日。睡睡醒醒、吃東西、偶而外出散步。這期間就是他的「休止期」，是補充頭腦能量的時候。二個禮拜後，他又會恢復猛烈的幹勁。

還有完全相反的方法。二十世紀偉大的哲學家維特根斯坦，在大學精疲力竭地講完課後，會到街上的電影院看三流電影。他也不管是什麼電影、誰演的，電影內容雖然其爛無比，但他說這樣有助於智力的恢復。乍看這是很怪異的行為，但就心理學而言，是相當合理的做法。因為若是看著名導演的高水準電影，是無法幫助頭腦恢復的。

欲恢復腦力，就要利用使智力疲勞的完全不同的東西才行。讀書讀累了不可能再集中時，利用休息時間做些蠢事。徹底使用能量也是方法之一。我們可以把頭腦的運作想成是一種

集中學習的秘訣⑬

變更「地點」

對書房感到厭倦時，就換到別的房間去，以轉換心情

在飲茶店讀書，因為「花了這麼多錢」，使你湧現「學習的意願」

鐘擺現象。遊玩時振幅愈大，愈能激發出對下個工作的能量和反攻力。

因此遊玩時不要半途而廢，要徹底地進行。利用這種方法就能使你克服「厭倦」，產生新的集中力。

反用壓迫的學習集中術⑬

背單字時要出聲來背

據報導有人在國外生活時，因為不會說當地的語言而罹患神經衰弱。除了不會使用當地語言所形成的自卑感外，說話機會減少也是造成這種病症的一大原因。也就是說，因為說話機會少，使得言語原本具備的表達自身內在的功能，不能充分發揮。相對地，一些很能適應國外生活的人，在回到自己的住處後也會藉著自言自語，來消除自己的欲求不滿。

即使不是在國外生活，事實上我們經常自言自語，只是自己沒有意識到罷了。有時自言自語會使我們焦躁的心情一掃而空，有時當我們打算集中意識時，心靈的活動就會藉著言語表現出來。

妨礙集中力的原因之一，就是思考過程中旁生的聯想。也可以說是邪念。為什麼會有邪念呢？那是思考流動性過大所造成的。

但是當思考化為語言、文字或圖形表現出來時，流動性就會減低。使原本朝四方擴展的思考匯成一流，邪念也就沒有進入的餘地了。

拳王穆罕默德・阿里一上了擂台，也不管對手是否聽得到就自言自語起來。或許他也意識到藉此可以將自己的思考導向比賽上，而提高集中力吧！

因此，欲使思考集中時，不妨自言自語或寫成文字、圖畫。將平常無意識的行為有意識地來利用。在背英文單字或歷史年號時，出聲地背誦。

反用壓迫的學習集中術⑭

考期迫近感覺緊張的話，不妨歡迎緊張

職業高爾夫球選手中村寅吉當別人問他：「職業選手與業餘選手有何不同呢？」他這麼回答：

「職業選手在緊張時會擊出好球，業餘選手緊張時卻會犯錯。」

確實是如此。站在第一個球座想到即將要展開的比賽時，不論是職業或業餘選手相信都是同樣緊張的。這時，業餘選手若越想放輕鬆，身體就越僵硬。

「不行，一定要放鬆肩力才行。」越對自己這麽說，精神壓力就越大，負擔就越重。彷彿身心都不能自然運作了。

但職業球員雖然緊張，卻會將緊張運用於揮桿上，也就是說，將肉體的緊張轉換為更能發揮技術的集中力。對業餘選手而言是妨礙的緊張，卻是職業選手集中的必要條件，對自己會有正面的影響。

事實上，想發揮集中力精神的緊張是必要的。問題是到底這個緊張是用在集中能量上，抑或胡亂引起雜念。

總之，這時絕不要想說：「緊張就糟了。」否則壓力會使你負荷不了。反而應該面對緊張，對自己說：「還是緊張的好。」

如此一來就不會心生焦躁，而能得到好的結果。知道「緊張是集中的必要條件」，不會束縛自己的身體、精神，或迷失自我，而能控制自己，從壓力中解放出來，使自己集中於該做的事上。但若只想放輕鬆，反而會使精神散漫，該做的事也做不成了。

集中學習的秘訣⑭

訂立「計劃」

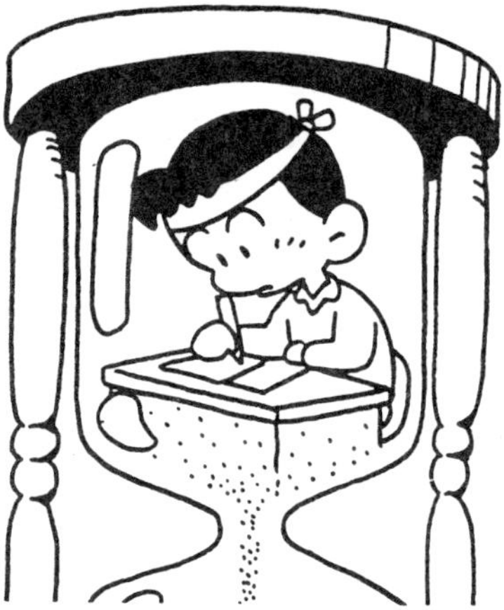

讀書前先決定今天要讀幾小時

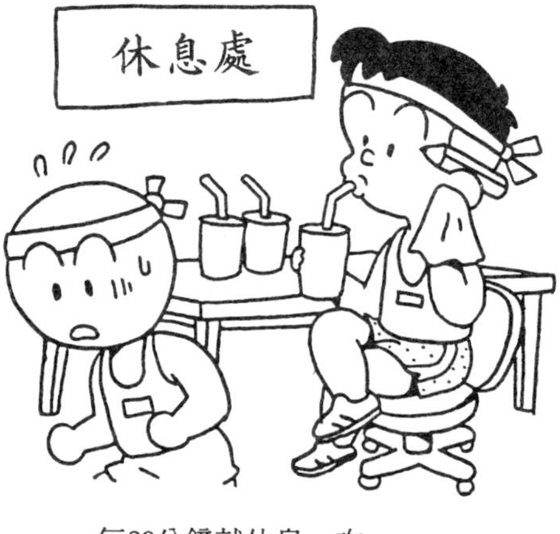

每20分鐘就休息一次

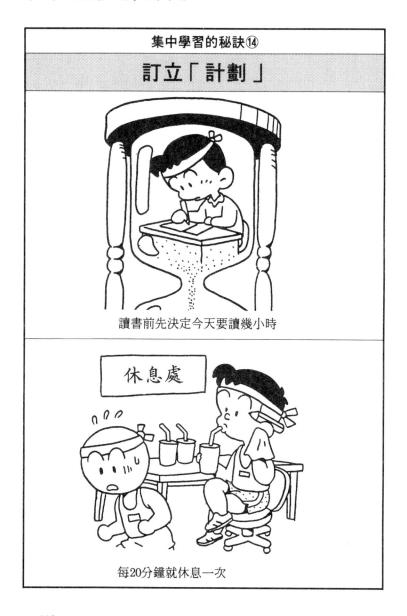

反用壓迫的學習集中術⑮

要用的參考書全都拿出來，堆在桌上

坐在書桌前精神焦躁，無法集中的人，其中不是桌上的參考書筆記本堆積如山，就是散落一地。

讀書時整理凌亂的桌面，是很好的心情轉換的方法。但有時置之不管，卻也有益於學習時的集中。

例如，那些在截稿前幾天可以集中寫下幾十張、幾百張稿子的作家，大部分都會很神經質地保持工作現場。這與「自己的地方」的想法有關。故友坂口安吾先生對自己零亂不堪的工作地點甚至都禁止妻子踏入。

任何有才華的作家也並非一坐在書桌前，就能集中精神。「執筆×分前」的名專欄作家就說他在執筆前會胡亂塗鴉，或拉開抽屜隨興玩弄裡面的文具、移動桌上的文具等，才能寫出好的文章來。這樣的人通常很討厭別人碰他的書桌或書房。

即使不是從事筆耕，任何人對他人擾亂自己的「集中地點」都會感到不高興。認為四周愈「雜亂」，自己的工作或學習就會愈順暢。

當然，也有人喜歡整理環境，若二、三天不整理房間一遍，就會覺得很不舒服。將雜亂的房間或桌面收拾乾淨，A東西放回A地方，B東西放回B地方。坐在乾淨的書桌前，心想今天又可以跟昨天一樣集中了。

但是這時或許你會意外發現，事情不是跟昨天一樣。即使集中了，卻花上比昨天數倍的時間。

工作或讀書畢竟不是賭博或祈禱，沒有必要把東西擺在跟昨天一模一樣的位置上。沒有必要將可以集中的環境，刻意花些力氣予以改變。讀完書後書原位擺著，不必收起來。等到第二天再打開它，繼續讀下去，才能創造進展順暢的整體氣氛。

這樣一來，雖然曾經中斷，但也能藉著短暫的暖身運動，又立刻集中起來了。

反用壓迫的學習集中術⑯

每個月立下「中間目標」，朝向數個月後的目標

在田徑賽裡面，除了體力，尤須強度精神力的就是馬拉松比賽。要一人跑完四〇公里，實在是超乎想像的嚴苛自我挑戰。

馬拉松賽的目標當然是終點，但選手是不可能一躍以四〇公里為目標的。現在的比賽通常是以五公里為一階段。也就是說，設置數個中間目標，先使自己集中於最初的五公里。跑完後再以下一個五公里為目標，重複幾次後就是克服四〇公里的賽程了。

工作時若是短時間就可以結束的話，通常我們都能很有效率地進行。換言之，集中力的程度也最高。

這種現象心理學稱之為「初期努力」「終期效果」。換個方式來看，開頭與結尾之間就是效率低落、集中力遲鈍的時候。這就是我們日常「中間倦怠」的現象。

為了使集中力持續下去，就得防止這種「中間倦怠」的情形才行。馬拉松賽這種「中間目標」的方法，因此能產生很好的效用。

人類的心理並不是一直線的。在提不起興趣、缺乏意願，且工作一定要完成時，可以設定結束的時間等終點，對集中會很有幫助的。

若只有一個整體的終點時，因為至終點的心理距離過長，「好吧，開始做吧！」這種「幹勁」有時候實在是無法湧現。但只要在中途設定中間目標，來自於終點的「吸引力」就會發揮作用，使你產生「幹勁」來。

藉此就能縮短「初期努力」與「終期效果」間的間隔，防止中間倦怠及效率的低落。就能在順利越過一個「中間目標」後，再朝向下一個目標，連續發揮集中力，直至達到最後目標為止。

若目標是一年或半年後的考試時，就可以每個月訂立中間目標，如「這個月是社會科的加強月」等，或甚至每個禮拜也訂立如加強本國史、世界史等較小的目標。

但中間目標的間隔若太短，反而會有反效果。使工作或學習缺少餘地，阻礙了集中力的發揮。所以一定要避免設定如十分鐘、二十分鐘等短暫的中間目標。

反用壓迫的學習集中術⑰

鐘錶要藏在眼睛看不到的地方

從七點到八點是數學，八點到九點是國語，九點到十點……，依循著計劃坐在書桌前用功。事先決定好時間，傾注於一個科目的學習，這是很有效的讀書方法。但是若變得太在意時間，時時盯著眼前的鐘看還剩幾分，心有旁騖時，那就成問題了。

的確，時間是會令人在意的。但是讀書時頻頻看時間比起完全不看的情形，心安的程度就會有很大的差別。當然，必要時看一看是會讓人心安的，但若頻頻地看，反而會有負面的影響。不僅會使集中中斷，效率減退，焦躁還會成正比地增大。只要把時鐘想成是在暗地裡守護你就行了。

集中力會成問題原本就與時間有關。想想你為何要閱讀本書？當然是「要提高集中力」；那麼為何想提高集中力呢？因為想在更短的時間內處理更多的事吧！反過來說，現在你讀書時可能比他人花了更多時間，而心生焦躁吧！

會感覺焦躁的只有人類，也只有人會意識到「時間」。不能集中時，其中一定會出現的症狀之一就是焦躁。嚴重焦躁時，就會奪走你的集中力。

與他人比較的「相對時間」及自己無意識中的「絕對時間」相混合後，會越在意時間的問題，而變得更焦躁。

要避免這種症狀最有效的方法是，將時鐘及所有會告知時間的東西，全都藏起來。當然，沒有時間就談不上集中，然而這不過是結果罷了，邊看時間邊用功根本不是真正的集中。

有些人得拿開所有的時鐘才能集中；我有一位學生也得拿下手錶放在看不到的地方，才能安心以悠閒的心情努力用功，而其結果就是集中。

當然，在現今忙碌的社會做任何事都有時間限制。不過時鐘所刻畫出的物理時間，本質上是與人身心作業密度的濃淡不同的。因此，過於在意物理時間，頻頻回顧時鐘，所讀的是很難進入腦海裡的。

想要集中精神，就得漠視告知時間的鐘錶的存在才行。

反用壓迫的學習集中術⑱

睡覺時把理想大學的簡介、招生簡章貼身放好

從自己的身邊排除「雜音」是集中的第一步。但若能更積極地將自己的意識朝向目標集中，就更好了。在此，提供各位一個很好的例子。網球名將比利金‧金格平常就是網球不離手，隨時拿在手中或放在眼前，全副精神都集中在網球上。因此，遇到大型比賽時也照樣能使出全力。

我的一位朋友在中學畢業時負責致答辭，雖然他是一名優秀生，但是這件事卻令他夜晚難以成眠。為了順利完成這項與名義有關的工作，他總是隨身攜帶致答辭，漸漸地，也就習慣於這種重責大任了。

我也曾從一位計程車模範駕駛的身上聽說到類似的事情。這位駕駛先生的太太總是在先生出門之前，將妻小的照片放在先生衣服的口袋之中。當然，其用意並不是要先生在開車之際惦記著家人，而是提醒先生要小心地駕駛。

也就是說，在工作或讀書時，可以放著象徵目標的某件東西，例如，理想大學的簡介、招生簡章等，這是很不錯的方法。或是貼著目標人物的照片、寫下目標數據、隨身攜帶相關

物品等，使自己的意識經常對準目標。即使有時會忘記，沒有特別強烈的意識，但藉著類似所謂SP（潛意識知覺）效果，也會使人逐漸集中於目標。

第五章

抗拒放棄的學習集中術

●去除心中妨礙集中的「提心吊膽」

抗拒放棄的學習集中術①

先決定「今天要讀幾小時」

常聽學生說：「今天讀了十三個小時」或「這個禮拜每天只睡四小時」。但重要的不是坐在書桌前多久，而是是否能集中用功。如果能集中的話，其實一天讀二小時也不要緊。比起散漫地度過八小時，這樣還比較有效呢！

相反地，訂立一天讀幾小時書的「目標」，也是一個好方法。藉此自然就能養成在短時間內集中學習的習慣。

例如，決定一天讀四個小時。若七點半開始的話，就是十一點半結束。剛開始時即使沒有很集中，但只剩一小時時，「糟了，只剩下一小時了。再不努力的話……」就會產生這樣的心情。考取與落榜間的分水嶺就在於是否「放棄」了。在你放棄的那一瞬間，集中力的線也就噗哧地斷了。

本章將為各位敍述抗拒放棄，集中於學習上的祕訣。

抗拒放棄的學習集中術②

想像自己考取大學的模樣

我們在日常遇到好事時就會說：「運氣好」，遇到不好的事就會說：「運氣不好」。雖然口頭上這麼說，但仍然有些人打從心底就不相信「運氣」，而只相信實力。但我認為「運氣」是不可輕忽的。

許多運動選手就相信、重視運氣。例如，賽前遇到靈車就預示一定會勝利、或穿著以前比賽勝利時的鞋子、除非輸否則不刮鬍子等，用各種方法來維持自己的好運。實際上，沒有比運動選手對自己的工作更重視印象好壞的。這是因為運動須在極短的時間內集中自己所有的能量，來一決勝負的緣故。集中力紊亂，當然成績就不會理想了。

為了在短時間內集中全部的能量，自信是必要的。因此，運動員會利用各種方法讓自己充滿信心，告訴自己：「今天運氣很好」等等。藉此來拂去不安或對對手的恐懼等，使自己集中於競賽本身。

要相信「今天運氣很好」，並不是很困難的事。只要一注意到對自己有好影響的事，就對自己說：「運氣很好。」就行了。如此一來，一部分一部分的好影響逐漸加多，心情也會變得較積極了。

只要掌握一些關鍵，使自我印象變好並不是件難事。

關於這一點，創工能力開發研究所所長保坂榮之介先生有以下實驗。

將受測者分成A、B兩組。要A組成員想些好的事，如「成績變好了」「工作順利」「和女朋友約會」等。B組成員則想些不好的事，如「成績變差了」「工作不順，被上司責罵」等。然後以一個關鍵字請兩組成員自由聯想。例如「水」的話，就想成「水↓海↓太陽↓飛機↓跑車↓女孩……」等。

實驗結果發現，A組的聯想率比B組高出二成。也就是說，雖然做的是同一件事，但自我印象良好的A組更能有效地利用頭腦。

實際上，隨時保有樂觀的想法，摒除雜念，是精神集中不可或缺的要素。巨人隊教練長嶋茂雄先生在棒壇留下許多輝煌的記錄，他在退休時說了以下這麼一段話：

「我相信明天一定會更好。不管今天過得如何，我都這麼想。絕不後悔。」

正是因為堅信「明天一定會更好」，使他能瞬間集中全力，而留下輝煌的記錄。

事實上，長嶋先生能很快地調適心情。即使結束不好，他也不會鬱鬱寡歡。不會被緊張的壓力所困住，而能充分發揮集中力，使自己的工作有完美的演出。像他這種集中術，實在很值得我們參考。

我們常在意眼前的事，結果心情七上八下的，一旦結果不好可能整天都受影響。不過不可以一直這樣鬱鬱寡歡。事前先想到壞結果或認為這會左右一生，只會使自己的心情更沈重。

若喪失自信打算放棄時，不妨想想自己成功時候的樣子，例如考試時順利作答、考取理想學校等。即使測驗成績不佳，只要抱著這種樂觀的想法，放棄的心情就會一掃而空，而能集中於學習上。

我們經常藉著對自己的「明天」懷抱希望，而活在現在。同樣地，學生也應該對考試生活樂觀。這樣想勉強自己集中時，才不會陷入過度緊張的狀態。

抗拒放棄的學習集中術③
故意中斷學習，第二天再繼續下去

讀書時開始是比較容易的，但要使情況變得順利也要花相當的時間。因此，有些人在學習不順時會留下一部分，等到第二天再從此部分開始；或者是重複前一天做過的部分。這種中斷作業再開始的方式，也是很有效的方法。

例如，英翻中的問題做到一半時，先終止這一天的學習。然後第二天再從中斷的部分開始。這樣，多半都可以很快地集中學習。

因為當你集中於英翻中的問題時，頭腦正是處在某種緊張的狀態。當然，問題解決後這種緊張狀態就會跟著結束。然而，作業還未結束時就先行中斷，腦海裡就會殘留當時的緊張。也就是說，結束時你是很在意剛才那些問題的。

第二天，那些問題擺在你眼前，或許你會很在意，但是因為有心理準備，反而能毫無抵抗地立刻進行。又因先收拾了那些中斷的問題產生助跑效果，使你能順利地埋頭於學習裡。

像這樣，中斷一項作業再開始時，就能很順利地進入與前一天同樣的心理環境。也就是說，集中力得以「持續」。

同樣地，有些人在結束一項課業後就很難再接觸新的東西。因此，與其面對下一項課業無法集中，心情焦躁浪費時間，還不如先行中斷，留下緊張感，等到再度開始時內心就能湧現集中力。像這樣，即使學習中斷了，最後仍能得到好結果。

抗拒放棄的學習集中術④

為了集中學習的「創造環境」要適可而止

集中學習的秘訣⑮

設定「目標」

在紙上寫下自己想考取的學校，貼在牆上

晚上就寢時，枕下也放著理想學校的招生簡章

在安靜的房間裡悠閒地坐著，邊喝咖啡邊打開題庫……。

一談到理想的環境，或許各位立刻就會有這樣的印象。但這種環境事實上是很難讓人集中的。萬事俱備、盡善盡美的環境對集中而言，反而有不良的影響。

玉不琢不成器——只有經過痛苦的人才能成功。沒有比這句俗諺更能傳達環境與集中力的關係了。因為人極易沈溺於環境或狀況裡，盡善盡美的好條件反而使人無法發揮能力。多半是遇到困難時為了克服困難，而湧現出能量，結果改變了頹勢。又如棒球，在無人出局的情形下常難得分，反而是二人出局時一壘跑者會衝回得分。

數十年前，我們的祖父、曾祖父生在讀書不便的環境裡。要學外文時，沒有老師、字典，也沒有教科書。學習環境比起今日來實在惡劣不堪。然而，立志學習的人卻會尋訪教師，動手抄書或字典，拚命地學習。比起他們來我們真的是太幸運了。但相對地，我們也失去了許多東西。例如，對慾望的抵抗力減少了。

有理想的桌椅、照明。肚子餓了時有高營養的宵夜。為了防止瞌睡有咖啡、茶。工作厭倦時還可讀些輕鬆小品、看電視、錄影帶、聽CD等。冬天寒冷時有暖腳器、電暖器等。真可謂萬事俱備…。在這樣的環境裡，人是很難集中的。

人類對溫度變化、飢渴等身心機能的不均衡，具有輕微忍耐的本能。但若滿足欲求的標的物就在身旁時，就會不假思索地拿來取用。稍微感到煩躁時就聽音樂；口渴時就喝咖啡和茶；稍感到冷、熱時就調暖爐。這樣如何能集中呢？

人類身心機能的平衡時時刻刻都在變化。因此，剛才才喝了咖啡，待會兒就可能想喝茶了。為了準備熬夜的宵夜，及想轉換心情聽的音樂，這些周到的準備只會使你想睡而已。只注意創造環境，反而喪失了集中力。

抗拒放棄的學習集中術⑤

學習進展不順時，不妨打掃四周

我要從事一項大工程時，不是直接投入工作，而會先整理書房。這有二點理由。一是在整理的過程中，將前一個工作完全劃分清楚，使自己有新的心理準備。

另一點則是趁著整理，消除掉與工作無關的雜物，這樣接下來的工作就會進行得很順利了。

即使是我這樣的大人，若不清理書房及桌上的東西，就很難著手工作。那尚不熟習讀書方法、精神容易散漫的學生，就更應該有這種心理、物理的準備。當你學習無法集中、心情紊亂時，不妨暫時中斷學習，整頓使你心神散漫的四周環境。這種方法不僅可以轉換心情，也可以集中精神，可說有一石兩鳥之效。

抗拒放棄的學習集中術⑥

時常「凝視」腦中所描繪的點和線

讀者應該看過飛機雲吧！看最初只是「點」的飛機雲，逐漸延伸成「線」，也是一大樂趣。這時你是集中視線，一直看著飛機雲的。將這種無意識中所產生的集中有意地運用，也是提高集中力的好方法。

據說這是瑞士洛桑某神經衰弱治療學校所試驗過，很有效的方法。首先想像在空中有一點，除了這一點外其餘都不要想。然後將點延成一直線。就這樣，在空中描繪出星形或螺旋的圖形，且一天一天將圖形複雜化，仔細凝視著空中。每天反覆進行，最初只能在一瞬間發揮的集中力，就會隨著圖形的複雜化而持續較久。

感到學習困難的學生連續十天使用這個方法，以後就能一心不亂融入學習中了。某位上課或演講內容總無法進入腦海而苦惱的女生，藉著聽時鐘的聲音解決了這個煩惱。方法是邊聽邊在心中數「滴答滴答」十下。第二天十五下，第四天二十下以上，每天重複進行八遍。

抗拒放棄的學習集中術⑦

對不拿手的科目，剛開始先以短時間學習

美國德曼博士的著書『如何教幼兒讀書』裡，提到以下的方法。

開始時是從 Father（父親）或 Mother（母親）等日常用語教起。用紅筆把單字寫在紙上，然後讓小孩看十秒鐘。

等到小孩逐漸產生興趣後，就縮短看單字的時間。如此一來，小孩為了在短時間內記住這個單字，就會非常認真。逐漸地對單字的興趣就更濃厚了，也能習慣學習了。

這個方法也可以應用在學習不拿手的科目上。要學習不拿手科目時，通常很難產生集中力。但與其說很難有集中力，還不如說是完全缺乏「幹勁」。

不過，既是考試科目一定得好好唸才行。因此，大多數考生的方法就是——鞭策自己，畫定預定範圍。但是面對這門不拿手的科目，一定很容易厭倦的，所以我建議各位不妨暫停，因為你的興趣已經用盡了。

這時，不妨模仿前述的方法，只學習一段時間，一定會逐漸感到興趣的。

例如，剛開始時設定十分鐘，然後再延長時間。必定會使你興趣盎然，對不拿手的科目

也能發揮集中力了。

抗拒放棄的學習集中術⑧

做題庫練習時，還沒輪到的問題都用紙遮起來

我讀中學時，曾幾次在圖書館看到有人用手帕或毛巾蓋住頭，讓眼睛只盯著文字看拚命用功。問他們為什麼要這麼做，答案是若沒有其他東西進入視野，就不會精神渙散，而能集中學習了。我雖然沒有這麼拚命，但也不能不否認不讓無關的東西進入視野，確是提高集中力的好方法。

同樣道理，為使自己的神經集中於一個問題上，把其他問題用紙遮住，不讓其進入視野裡也是好方法。若平常就能進行這種訓練，不僅能培養集中力，在考試時對個別問題的集中力也能提高了。

集中學習的秘訣⑯

消除「雜音」

不希望人打擾時，可在房門掛上「Don′t disturb」的牌子

與其在忙亂的1樓，還不如在安靜的2樓用功

抗拒放棄的學習集中術⑨

讀書時休息不要超過十分鐘

不論是讀書、工作或運動，剛開始時總是很難進入情況。總要經過一段時間後才能上軌道，進展順利。像這樣，工作開始前進行準備運動是必要的。

這不僅可調整肉體條件，對習慣或集中等「心」的準備運動而言，也有很大的意義。心理學將此稱為心理調整。但若要花很長的時間才能達成心理調整時，工作就會變得很沒有效率。例如，在棒球比賽時，若對方攻擊時間較長，我方投手就要在長椅上稍微做些暖身運動，以免投球時肩膀僵硬。讀書前收拾桌上的東西、投球前活動肩膀，都可謂是心的準備運動。

做完這種準備運動後，學習的引擎就會開始運轉，效率也會跟著提昇。

但經過一段時間後，因厭倦及疲勞，效率會逐漸減退。

這時只要掌握時機，好好休息就行了，須注意的是，休息時間若過短，疲勞就不得消除；但若過長，就會破壞心理調整，又得從暖身運動開始，反而會降低了效率。

為了不破壞心理調整，要注意休息時間不可過長，以十分鐘為宜。

抗拒放棄的學習集中術⑩

感覺精神散漫時，不妨凝視窗外的「一點」

相信各位都知道，替人催眠時，多半會在人眼前放根鐘擺，誘導他說：「請注視鐘擺」。這就是所謂的「凝視法」，即利用當雜物從人的視界消失，視野變狹小時，意識的運作範圍也會變得狹小的原理。藉此，意識就很容易集中於一點，而被誘導進入催眠狀態了。

這種方法不僅可以應用在催眠上，也可以應用在學習上。也就是說，學習時感到精神散漫，無法集中時，就可以凝視某樣東西。藉此，擴散的意識就會逐漸凝聚，而能集中於書本上了。

看任何東西都行。如窗外的公車站牌、房子一角的ＣＤ盒。但應盡可能看遠處的東西，以去除眼睛的疲勞。

此外，在休息時利用這個方法，也有助於心情的轉換。因學習時間與休息時間最好明確區分，所以休息時應將視線從眼前的筆記本或參考書，移至較遠的東西上，這樣，心情就會變得煥然一新了。

抗拒放棄的學習集中術⑪

凝視物體後，試著將形態描繪出來

貝布魯斯是棒球史上傑出的全壘打好手，其名聲至今仍非常響亮。有關他的傳說相當多，其中最讓我感到興趣的是，他為了提高集中力所採用的訓練方法。

在他全盛時期，每每揮棒前就能清楚地看到投手手中球的縫線。這是一般人所做不到的，他是如何做到的呢？

他有每天凝視唱盤上唱片的習慣。剛開始時集中力確實趕不上唱片，但漸漸地他覺得唱片轉得太慢了。然後，有一天他看到了唱片中央的曲名，最後甚至連印刷字都能看得很清楚了。

這就是前項所介紹的集中力訓練法之一「凝視法」。除了可運用於自我催眠外，還可在讀書或工作前，凝視某處一點一段時間。彷彿要用眼力壓碎眼前的東西似的，拚命地凝視那一點。藉此就能逐漸使意識侷限於狹小的範圍內，而得到精神的統一與情緒的高昂。也就是說，藉著將視野限定於狹小的部分，而提高心的能量，增加集中力。

美國某記憶術訓練學校就是利用這種方法，來培養學員的集中力。即挑選身邊的小東西，如鋼筆、橡皮擦等，一直凝視，直到厭倦為止。然後閉上眼睛，回想剛才所看的東西。這時，不單是再現它的形狀，若是鋼筆，連其色彩、長度、筆套的裝飾、模樣，實際使用的情形都要仔細回想。練習完畢後再換另一件東西。像這樣，每天練習一段時間養成習慣，集中力就會逐漸提高了。

剛開始時，要凝視八秒以上是很困難的。但持續練習下來，就能延長到三、四分鐘了。而且不僅如此，所培養出的集中力甚至可達鮮明刻畫出凝視物的程度。

這個方法不受時間和地點的限制，隨時都可以進行。例如，在車內就可以凝視他人的手提包等。每天變換不同的小物品，持續進行訓練就行了。

抗拒放棄的學習集中術⑫

如果無法集中時，就下定決心更換學習的順序或時間表

有些學生為了克服較差的科目，會一整天都讀著相同的科目。也有些人會一整天默背英文單字或歷史年號。老實說，這種單調的學習方法是最容易失去集中力的。

會感到厭倦的原因之一即「重複做著同樣的事情」。那麼只要不是單調的作業，就不會

感到厭倦了嗎？事實也非如此。再如何複雜的作業，在進行的過程中會不知不覺形成一種模式，最終也會感到厭倦的。

所謂模式換言之即「習慣」「順利的流程」。流程再如何順利，如果作業本身不能有所進步時，精神就不易緊張。也就是說，不論是單調或複雜的東西，若不變更順序或時間表，予以刺激時，遲早都會令人感到厭倦的。

當然，變更順序可能會使效率低落。然而，藉著改變順序或時間表就會產生違和感，使心情再度緊張起來，這種緊張又會激起你的集中力來。

若感到集中力喪失時，就立刻改念別的科目，變化順序或時間表吧！

抗拒放棄的學習集中術⑬

肚子餓時先暫停學習，填飽肚子再說

有人說肚子餓時無法作戰，相對地，肚子飽飽的時候是不會和人打架的。二者都很有道理。那麼，讀書時想集中的話，肚子餓好呢？還是肚子飽好？

動物若不每天餵食時，睡眠時間就會縮短，心情變得焦躁。每天規律進食的人，這種空

集中學習的秘訣⑰

去除「干擾」

關上房間的大燈，只點桌上的檯燈

除了正在解決的問題外，其他
都用紙蓋起來，以免視線游移

腹感所引起的焦躁尤為強烈。

空腹感會通過腦幹網樣體組織傳至大腦。藉著通過神經所聚集的腦幹網樣體，使神經細胞變得興奮。也就是說，使精神進入緊張狀態。這樣就無法安心睡眠了，同時，神經也因為過敏而容易引起不安感。處在這種狀態下，當然無法作戰了。又因不安與焦躁，稍微一點小事就可能會發怒。換句話說，就是一種「對刺激喚起反應或覺醒反應水準很高的狀態」。

因此，空腹讀書時，以前毫不在意，些微的聲響都會成為擾人的噪音。更不可思議的是，白天母親責備你的那番話還會重現在你的腦海裡呢！如此一來，當然書就念不成了。再怎麼盯著題庫看，集中力也無法湧現。這全都是空腹感作祟的緣故。這時，應該去吃點東西才好。慢慢進食，自然心情也會變得平靜了。在神經的高亢消失同時，還會產生「既然進食了，就可以再念書」的意願來。飲食也有一種自我暗示的作用。

抗拒放棄的學習集中術⑭

想集中學習時，不要待在沒有任何聲音的房間裡

想集中用功時，常會遇到令人揮之不去的雜音問題。

一般人多半認為聲音妨礙精神的集中，相信各位也都有這樣的經驗。每個人都會在必須集中做某件事時，盡量佈置、尋找一個安靜的環境來使用。然而，出乎人意料地，佈置好幾近完美的隔音狀態後，或置身於寂靜毫無雜音的環境中，看似理想的集中條件，反而卻令人難以集中。

以下是一個典型的聽覺實驗，供各位作參考。一些學生進入一個被厚厚隔音牆圍著的房間。在那裡面，他們不但不能集中、平靜地作業，反而在意起自己呼吸的聲音、心臟的跳動來，耳朵甚至還有疼痛感。在這種狹隘、四周被封閉的實驗室裡，是不能等同於一般的讀書、工作的場合的。

我們想要集中時，就會在自己心靈的周圍築起一道牆，形成一種自閉狀態，以避免在意妨礙集中的各種物理刺激，並封閉會向四面八方擴散的心靈活動，使自己只思考一個問題。因此，處在某種程度噪音的場所裡，為了使自己與噪音隔離，就會形成自閉狀態；但在過於安靜的地方，反而難以形成這種自閉狀態，對噪音的防護牆，心靈的活動會向四方擴散、自由流動，使人根本無法集中。

不僅是聲音的問題，一人獨處時的不安、寂寞也要考慮進去。例如，在類似大禮堂這樣的地方，一個人捧起書本卻無法平靜念書的情形，一定有吧！

關於這一點，相對地就是在車上或飲茶店等人多的地方，反而能集中閱讀、寫作的情形。彼此毫不相關的人群，可以說就是適度刺激耳朵的噪音。

總之，在這裡想說的是，為了集中一個安靜的環境，是當然的要求，然而過靜的環境反而會阻礙集中，會造成反效果。只要記住人處在某種程度的噪音裡，反而可以心情平靜這一點，對聲音就不會太過神經質地防禦了。

若你仍是很在乎噪音時，最簡單的方法就是利用耳塞，或是採取掩飾法，聽些自己會覺得舒適的音樂，就不會那麼在乎噪音了。

說到音樂，除了掩飾噪音外，可去除心理緊張的背景音樂也很有效。

抗拒放棄的學習集中術⑮

用功時不要想「要幾點讀完」，而應想「要念到什麼程度」

覺得時間不夠用了的最後衝刺階段，讀書就變成了與時間的競賽。因此，不少人就會在一旁擺著鐘，一邊想著還剩三十分鐘、十五分鐘，一邊坐在桌前用功。的確，這種心情我可以理解。但這時，原本是為了要培養記憶，解決問題能力的讀書目的，卻完全拋諸腦後，只剩下要與時間競賽而已。這實在是本末倒置的現象。

讀書時，如何在短時間內集中、有效率地進行，才是最大的重點。並不是要坐在書桌前幾小時，或用功幾小時之類的問題。

真正集中學習時，根本不會在意時鐘分秒的移動的。可能當你想起來時只會：「啊！已經這時候了。」相對地，若你頻頻注意時間，就表示你尚未集中。

讀書時，不是靠時間而是靠集中力管理——這是鐵則。

第六章

防止輕視的學習集中術

●去除妨礙集中的馬虎心理

防止輕視的學習集中術①

利用等車時候等「零碎時間」

當名作家被拜託在雜誌上發表連載文章時，他們是如何做的呢？據說大部分的稿子都是在機場的候機室、演講廳旁的休息室，或是在飛機上、火車裡寫的。已故作家花登筐先生就是典型的「移動執筆」派人物。花登先生經常在公事包裡放著稿紙，在車上振筆疾書。他就是這種善於利用零碎時間的名人。

或許有人會認為：「這麼短的時間有什麼要緊？」但是名人可不這麼想。即使只能寫二十行或多增加二百個字，他們也不會放過這點時間。讀書也是一樣的。一點點時間累積起來，就會有令你意外的大收穫。

不易集中，精神容易散漫的人，最好利用這樣的零碎時間。再怎麼持續集中，也不過是五分鐘而已，應該不致於厭倦吧！

事實上，在我們的日常生活裡有許多等待時間。等公車、等著到達目的地、等著開始上課、等人來、等食物端來……，合計約有一、二小時。即使無法用上所有的時間，但至少在等車或等人時，就可以用來讀書。

方法是明確地設定小目標。例如，「等電車時背一個英文單字」「等人時背十個歷史年號」。反覆練習幾次後，「小集中」就會逐漸變得可觀。而且以後遇到等待時間時，也會條件反射地隨手拿起單字本來背。

有些人以為集中術就是長時間持續集中的方法。但真正的集中是與時間無關的。集中是將作業畫分成數個小目標，先專心於眼前的那個小目標，等到察覺時已經過了一段時間了。不要輕視短暫的時間，對學習「輕視」是喪失集中力的原因。本章將為各位介紹防止輕視的集中術。

防止輕視的學習集中術②

只注意眼前的事情，不要去想剛才或待會以後的事

養樂多棒球教練野村克也先生在著作裡提到的許多軼事，頗讓人感動。其中一則他在南海鷹隊任教練時，隊上一名代打王的故事，尤其讓我印象深刻。

這名球員不論是在什麼場面被起用，都心平氣和地走到打擊位置去，成功時沒有特別高興，失敗時也不會特別難過。只是淡淡地出場，淡淡地回來。野村教練覺得很不可思議，問

道：「你怎麼不會緊張呢？你是在怎樣的心情下出場的？」

他回答說，教練選自己當代打，一定有理由在，因此無論打得如何，都不是自己的責任。打得不好，就表示教練用人錯誤；打得好就表示教練眼光正確。自己被指定當代打時，就有這樣的體會。

野村教練聽了這番話分析道：「他將結果視為是教練的責任，反而能捨棄一定要擊出好球的意識。」因為若是一直考慮結果，就無法集中全力擊球了。這名球員將自己置身於第三者的立場，因而培養出對球的集中力來。

這則軼事實在是很好的啟示。讀書時腦中若是一直想著考試成績不好，被父母責罵該怎麼辦等事情，就會變得不安、焦躁，而無法集中了。

這時應該像這名選手一樣，將自己置身於第三者的立場。也就是說，從腦中捨棄要有好表現的意識，只專注於眼前的工作、學習，就會有正常的演出了。

肩膀用力「努力學習」，將結果也視為自己的責任，事實雖是如此，但過於在乎結果，反而會使學習不順，無法集中精神。

相對地，站在第三者的立場就可以從多餘的壓力中解放出來。如此一來，自然能集中於學習上，最終一定會有令人滿意的結果。

防止輕視的學習集中術③

如果想用功時，就應該婉拒好朋友的邀請

朋友關係在學校生活中是不可或缺的，尤其是在痛苦的考試期間，來自朋友的鼓勵更是自己的心靈支柱。

但這種關係有時卻會成為我們想集中時的阻礙。太在意朋友，也是雜念形成的原因。專心讀書時，旁人的呼喚是聽不到的。能做到這種程度才是真正的集中。但若想集中，又很在意朋友關係的話，一點呼喚你大概就會立刻有反應了。

即使沒有聲音來呼喚，你的神經也是緊繃地向著朋友，隨時注意周遭人的談話與動作。當然，你沒有必要完全漠視朋友的呼喚，但如果真想用功讀書的話，就應該有無視社會適應的心理準備。

無視社會的適應，這話或許說得有點誇張，但當朋友邀你去看電影或不回家到別地方去玩時，你就應該斷然地說今天一定要回家。若禁不起玩樂的誘惑，是無法深入集中的。

一定要覺悟拒絕一切會妨礙集中的事物，以這種心態、決心開始用功。也就是說，在自己的內心要先畫好心理的界限，對超出的部份應捨得放棄。這樣一來，旁人再如何快樂地玩

要，對自己也不會有影響了。

不在意朋友的眼光，一個人踽踽獨行是件很困難的事，而且自身也會有抗拒感，但若一直在意他人的想法，擔心朋友會怎麼想、會不會破壞感情等，根本是無法集中的。

即使暫時犧牲朋友的交情，但日後朋友一定會了解你的苦心的。

防止輕視的學習集中術④

若缺乏幹勁，就想想考取時的「報酬」

職業拳擊手在比賽前幾個月，都要忍耐苛刻的節食。他們能度過這段艱辛的時期的動機，就是渴望冠軍獎杯到手時的榮耀。而節食一到極限時，就會有想要活動身體的本能慾望。節食期間甚至連一滴水都不能喝，嚴苛到彷彿要擠出骨汁的程度。這時，一杯水就等於是稀世珍寶。

以前我曾經在雜誌上讀過某世界冠軍拳王的報導。他說節食時期「即使要花二千萬元買一杯水喝都願意」「甚至想喝廁所裡的水」。他之所以能在拳擊擂台上展現異常的集中力，無非就是要在比賽過後喝一杯水吧！這麼說絕不誇張。

集中學習的秘訣⑱

給予身體「刺激」

坐硬椅子不要坐柔軟的椅子

想在車上看書時，要站著不要坐著

即使不是職業拳擊手，為了提高讀書時的集中力，利用這種方法也會很有效。

再怎麼熱衷讀書的學生，也會有不想讀或力有未逮的時候。這時，只要想想讀完後可以休息、喝咖啡等各種對自己的褒獎（報酬），就會力氣倍增再度回到困難的題庫上了。這種以快樂的獎賞做為自己的報酬，來提高工作效率的方法，心理學上稱為「報酬效果」。

報酬效果也就是可以提高對事物意欲的「外在動機」。不過，也有人無法因有咖啡喝就提高集中力。這時，不妨根據當時的情況具體地想像會有什麼報酬。

例如，約定考試成績在幾分以上就可以買一部車。而且不單是要買車，「那一家廠牌的車種、顏色、形態……」都具體地刻畫在自己的腦海裡。也可以想像自己開車時的模樣，彷彿看到了在辛苦的考試過後，自己神采奕奕的風姿。

這樣一來，獎賞的價值就更高了，報酬效果也就更有確實性。報酬越具體，實現的可能性越高，就越能提高集中力。

如開頭所說的拳擊手，每天想著有杯水喝，不知不覺腦海裡就會浮現喝時的快感，杯子的大小、模樣，甚至是自己大口喝水時的模樣。像這樣，想得越具體，就越能克服節食時的痛苦，而使得集中力更為提高。

防止輕視的學習集中術⑤

要學習不拿手的科目前，先決定「讀到幾點為止」

一位我熟知的作家總能確實遵守截稿的日期，因而深獲編輯的好感。我對於這位自年輕時代就經常痛苦地坐在桌前寫稿的仁兄，能下筆神速感到非常佩服。但有一天我跟他聊天時，才得知了這段心路歷程。

還是新人時，有人請他寫稿，他當天就會坐在桌前振筆疾書。但出名後，就會接到許多不喜歡的工作。結果雖然絞盡腦汁，一天也只能寫二、三張稿紙，甚至是一行而已。有時他還會悲觀地懷疑，自己是否有寫小說的才能。一天一天過去了，終於到了截稿的前一個晚上。「寫不出來了」，實在無顏面對編輯。他無奈地看著稿紙，突然很不可思議地痛苦沒了，靈感泉湧而來。此後，他就相信自己有「火災現場的蠻力」。對自己不感興趣的工作不須勉強去做，只要決定好「何時結束」的最後時間就可以了。

這正是將「截止」運用到最大限度的方法，不必刻意製造目標，而開始著手的時間也完全飛出意識之外。就我們的經驗，結束的時刻比開始的時刻較易遵守。他這種只將重點放在終點時間的方法，使他雖然有不感興趣的工作也照樣能按時完成。

讀書時若能決定到何時為止的終了時刻，對效率的提升有很大的助益。一旦清楚地決定要讀到幾點，對頭痛難解的題目或棘手的科目，就會湧現出定時完結的意願來，而變得很集中了。

防止輕視的學習集中術⑥

先向親朋好友宣佈「一定要考取○○學校」

拳擊手穆罕默德・阿里長期坐擁世界重量級拳王的寶座。他除了拳擊的實力外，平常也喜歡自吹自擂，對任何事情都喜歡發表意見。

他有一件很有名的軼事。那是在羅馬奧運會獲得世界重量級拳擊比賽金牌的時候。偶然，他遇見前來參觀比賽的當時世界重量級拳王佛洛依德・帕特森，在人前他公開宣稱：「帕特森 有一天我一定要幹掉你。我是世界最強的。」帕特森只是一笑置之：「好孩子，好好做吧！」

但是五年後，一九六九年阿里與帕特森正面交鋒，果然履踐了當時的誓言，他勝利了。五年前阿里那句吹牛話，現在實現了，所有的人全都啞然失笑。自此以後，阿里的吹牛

集中學習的秘訣⑲

防止「中間倦怠」

休息時間要限制在10分鐘內

要避免冷暖器、宵夜具備的「盡善盡美」環境

話便成為著名的故事。

的確，阿里當初對帕特森說：「我要幹掉你」時，或許連他自己也都認為是吹噓吧！但他藉著在衆人面前的公開宣佈，給自己一個固定的目標，日後便朝這個目標不斷努力。此謂「宣言效果」，欲達到某個目標時，常能發揮很好的效果。將此「宣言效果」運用在讀書上，也可以提高集中力。

例如，公開對自己的親朋好友宣佈「我一定要考取○○學校」，將自己置於不許失敗的「背水一戰」中，就能激發出無比的力量來。

防止輕視的學習集中術⑦

當集中力消失時，請想想對手的模樣

在創造提高學習意願的外在動機裡，前面已敍述過給與報酬，即「獎賞」的方法。與此相反，還有另一個設置「處罰」，以提高集中力的方法。

例如，每個人都有一個自己不想輸的對手，有些人在對手的阻礙下，反而變得更強，這種例子並不少見。

運動界如職棒選手。長嶋茂雄與王貞治，好的對手往往是自己的「促進劑」。不用說，面臨強勁的對手會刺激人的鬥爭本能，同時也因心情集中於戰勝對方的一點上，無意識中就會衍生強大的能力來。相反地，這種面臨對手的心理也可以運用在學習不喜歡的科目上。

我在中學時就利用過這個方法。那是青春期的時候，煩惱特別多。稍微有點不如意就很在乎，根本無法用功。但恰巧的是，我有一位想和我考取同樣高中、成績很好的對手。當時的中學生都以成為戴白線帽、穿黑斗篷及木屐，昂首闊步的高中生為最高理想。因此，我就想像那人考取，而自己落榜穿著蔽衣破帽在街上蹣跚而行的模樣。只藉著這個簡單的幻想，我就能專注於學習不感興趣的科目上。這件事我至今仍是印象深刻。

但對手有很多種，讀書時應利用同是考試的競爭對手，若想的是情敵，恐怕只會造成妄想，而帶來反效果。

我的經驗是，當不想念討厭的科目時，就想想對手，想想自己輸的慘狀，而當成是自己欠缺集中力，學習沒有成效時的「處罰」。這種方法可說是有意識地在工作背後對自己的鞭策。

即使你很了解學習是很有意義的事，但光是如此，是很難產生集中力的。這時，可以想像討厭或對自己不利的事情，直接刺激自己的感情，就能產生慾望，發揮集中力了。而且這種想像若跟現實有關，與自己的利害關係越密切，效果就越大。

防止輕視的學習集中術⑧

明確地設立目標，不是「好學校」，而是「〇〇學校」

雖是不感興趣的科目，但只要明確地訂立目標，也一樣可以產生集中力。另外，即使你充滿意願，但目標不明確的話，也是很難提升效率的。

野村克也先生在著作中還提到了另一則軼事：某打擊教練對走向打擊區的球員，做了以下「指示」。

「投手的狀況很好，要小心喔！直球速度很快，變化球也投得很好。小心喔，不然會被三振的。」

野村先生認為這完全不是「指示」。選手要站在打擊位置前，教練要根據投手的情況、壘上有沒有人、守備狀況如何、風向、球場的範圍等各種要素，來決定攻擊的目標，這才是真正的「指示」。像他這種指示過於曖昧，只會使打者心生迷惘，無法集中全力擊球。

野村先生在南海鷹隊時代，身兼打擊手和教練。因此，隨著比賽的變化，就必須下達許多「指示」。這時，為了讓球員清楚地了解目標，就要具體地給予明確的指示。如先前打擊教練的例子，應該是：「如果對方投的是好球，在兩好球以前看準變化球，其他球就不要揮棒。」

像這樣，大目標的明確化是對不喜歡的事物，創造內在動機的第一步。讀書方面，確立目標時也不要含糊地說：「想上好的學校」，而應該明確地說：「想上○○學校」。這樣一來，想考取的心情就會更深刻，集中力也會提高了。

防止輕視的學習集中術⑨

坐在桌前先閉上眼睛，聆聽周圍的聲音

我們透過五官不斷地接受各種刺激。但當我們集中於某一感覺時，若有其他感覺進入產生妨礙，心理就會喪失穩定。例如，眼睛看著文字時，突然有異樣的聲音進入耳朵，刻意集中的心情就會變得紊亂。聽音樂時飄來一陣烤麵包的香味，就會不禁食指大動。像這種經驗實在不勝枚舉。相反地，當我們想將意識集中於某個特定的感覺時，其他感覺就應該置於痲痺的狀態。

例如，專注看著電視的小孩會完全忘了周遭的一切。除了視覺和聽覺發揮到最大限度，集中於畫面外，其他感覺暫時都變得痲痺了。

像這樣，一、二種感覺徹底緊張，其他全部痲痺，就可提高集中力了。

眼盲的人因為喪失視覺，其他感覺就變得特別敏銳。比起一般人而言，集中的程度也更強。海倫•凱勒的感覺只有觸覺、嗅覺和味覺三種，但她在日常生活裡卻能跟常人一樣活動，這就是她將這三種感覺器官訓練到能集中至最大限度的結果。

當我們想專心聆聽時，常會無意識地閉上眼睛豎耳來聽，將所有的神經都集中於聽覺上。像這樣，使一種感覺器官暫時處於假死狀態，其他的器官就能發揮數倍的能力。這種情形也可以經由訓練而成。

例如，讀書前暫時閉上眼睛，只使聽覺緊張。這時，平時慣聽的聲響，就會變得很新鮮，而不禁豎耳傾聽了。或是閉上眼睛，伸手去觸摸桌上或抽屜裡的東西。這是鉛筆、這是釘書機，這紙是什麼紙呢？在自問自答中將情緒集中於指尖上。同時，對暫時置於假死狀態中的視覺，你也會產生強烈的關心。

等到難以忍受時再張開眼睛。像這樣，超乎必要以上地利用某個器官，就可以得到精神集中。然後再打開參考書，開始用功，就能利用高度的緊張順利地集中了。

防止輕視的學習集中術⑩

遊玩時藉著能量全開，想像自己用功時的模樣

相信任何人都有這樣的經驗，讀書時覺得沒有比讀書更痛苦的事了。我自己偶爾也會陷入低潮，不論是在家寫稿，或是在大學教書都覺得很痛苦。一旦感到痛苦，就實在也無法集中了。

開始感到讀書是件若差事後，這個惡劣的印象就很難去除了。再如何告訴自己讀書是件快樂的事，但面對眼前的參考書，這個惡劣的印象就會立刻浮現上來。的確，要不耐讀書苦痛的學生，在面對教科書時想像自己快樂用功的模樣，是很困難的。這時唯一的方法，就是離開書本，到易於感受快樂氣氛的地方去，想像對讀書的好印象。

例如，散步時或在公園遊玩時，想像自己在家讀書快樂的模樣，心理充實與滿足的感覺。

或者是和朋友一起運動時，將心裡的鬱悶、不滿全部傾洩出來。在充實氣力與體力的時刻，或許是最能描繪坐在桌前用功快樂、充實模樣的時候吧！

戰前有一部名電影『悲歎的天使』。劇情是描述一位大學教授，有次遇到一名年輕的舞

女，愛上了她，便捨棄了教職一直追逐著她。但仍悲慘地被她拋棄。於是傷心地回到大學，埋首於研究裡，最後在講台上倒下。

大學教授厭倦自己工作的單調，希望從舞女熱情的生活裡尋得宣洩。等到理想幻滅後，才了解以往的生活有真正的充實感。

這就是人類的心理。讀書時想玩，玩膩了又想回來讀書。因此，若想對讀書有好印象，打算集中時，遊玩時是最合適的。

遊玩時，若在大腦廻路裡牢牢地固定讀書時快樂的印象，讀書時就會覺得輕鬆，也很容易集中了。這種方法在情緒低落、焦躁時使用，尤其有效。

防止輕視的學習集中術⑪

讀書時若想到厭倦的事情會喪失幹勁的話，就想些有趣的事

已故三原脩先生在擔任大洋隊教練時，有「魔術師」的美譽。每一次，當他看到投手因對方擊出全壘打而沮喪時，他會心平氣和地走到投手板，問：「今晚要吃些什麼呀？」「最近麻將打得如何呀？」等與全壘打毫不相干的話。投手當然會「咦？」不解地望著他。這時

集中學習的秘訣⑳

活用「集中感」於下一次讀書上

讀書結束時參考書不必闔上，擱著就行了

不必一直用功到全部結束，留下一些下次再做

他本人也遠離投手板了。

不僅是三原先生，被世人譽為常勝者的人，在遇到萬一的情況時都能順利地操作自己的意識。在想說「糟了」的下一瞬間，就會想到另一件事上去了。以生理學上來說，藉此就可以將大腦神經細胞的興奮置換為別的興奮，而平息前者的興奮。結果，所受的震撼就會變得薄弱，又能回到原來的集中作業上了。

將這種方法運用在我們因受到震撼，而集中力紊亂時，又是如何呢？

例如，讀書時突然遭遇打擊，或想到不愉快的事情而喪失自信時，在意識裡這種強烈的打擊會與當下的作業相結合。因此，即使重新開始中斷的功課，因眼前的對象（讀書）與打擊相糾葛，也很難恢復集中狀態。

同時，受到打擊的人就像前述被擊出全壘打的投手一樣，神經細胞會變得異常興奮，視野狹窄，而陷入極度的緊張狀態裡，「該怎麼辦呢？」變得手足無措。越是想「一定要用功才行」就越焦躁。而更加陷入狹窄狀態裡。

這時，應該摒棄這種狹隘的意識，將眼前的對象置之度外，想些趣事或飲食等毫不相干的東西，讓意識暫時集中在這上面。

如前述的投手，一旦將意識轉移至別的事物時，就能去除先前的震撼，而順利地回到書本上了。

防止輕視的學習集中術⑫

腦筋變得遲鈍時，就躺下來休息

常聽人說：「因為頭腦疲勞，所以無法集中用功。」但這是一種錯覺，因為頭腦絕不會疲勞的。

人類的頭腦是不容易疲勞的。有過這樣的實驗，要年輕女性計算四位數兩兩相乘的題目，結果發現她們可以十二個小時不眠不休。且計算的速度不會減慢，也不會失去正確性。足證頭腦有如此的功能。十二個小時後效率會減退是因為身體的疲勞和空腹的緣故。

感到腦筋疲倦、缺乏集中力，乃表示頭腦與身體的均衡失調。腦筋會感到疲倦實際上多是身體疲倦的關係，是肌肉疲勞所致。因此，學習效率低落時，不妨稍微運動一番，會有助於疲勞的恢復。此外，長時間坐著更需要到戶外吸收新鮮空氣。深呼吸幾次，既可恢復疲勞，也有助於心情的轉換。

實驗顯示，在默背、散步、說話、靜止、橫躺等五個動作中，以「橫躺」最具有恢復疲勞的效果。此外，一般而言，每讀書五十～六十分鐘後，效率就會減退。因此，建議各位用功一小時後，就躺下來休息五分鐘以恢復疲勞。

活躍於各界的傑出人物，令人意外地許多自學生時代就很熱衷運動，即所謂文武雙全的人。他們共通的特點是一旦疲倦、缺乏集中力時，就會立刻去休息。還有一些我認識的熱衷體育社團，而學習力又高出普通人一倍的學生，他們有吃完晚飯後立刻就寢，第二天一早起來讀書的習慣。

欲消除疲勞，沒有比躺下來休息更好的方法了。長時間為考試而用功的你，覺得厭倦時不要猶豫，立刻躺下來。當然，若睡得不好就沒有意義了。通常被肉體的疲勞及精神的緊張所困擾的人，是不容易睡好的。這時，不妨藉著沐浴使身體得到休息，同時讓神經放輕鬆。

像這樣，睡眠數個小時後，不僅可以恢復均衡，也可以得到高度的集中力。

防止輕視的學習集中術⑬

試著一整天都不要開電視、收音機

被譽為釣魚高手的人，很令人意外地個性多半很急躁。但以心理學的觀點來看，這是很有道理的。

釣魚是需要相當耐心的事情。在魚兒上鉤前，你要靜靜忍耐等待好幾小時，專注集中於魚鉤上。

性急的人因為迫切想得到結論，會一直想著就是現在就是現在魚要上鉤了，自然就能提高釣魚時的集中力，結果收穫就增加了。

釣魚有助於培養集中力，但不僅是釣魚，讀書累了後暫時離開讀書現場，刺激久已沈睡的好奇心，也可以使你已養成惰性的讀書習慣從新的角度再展開。

名演員渡哲也先生在自己的庭院裡用磚搭成一個火爐。每逢休假的日子，他就會一整天待在那裡，邊喝啤酒邊升火。演員這種職業是需要花相當多精神的。若能集中做其他單純的工作，就能使心靈從糾葛中得到解放。焦躁的神經放鬆後，不知不覺集中力也會提高了。

為了度過讀書考試這種長期的煎熬，偶而也應該一整天都不看電視、不聽收音機，不讓自己暴露於外界的刺激下。然後隨興地到庭院裡找找螞蟻洞，數數飛到陽台上的鴿子，徹底地悠閒度日。這樣就可以使你對讀書產生新鮮的心情，湧現出新的集中力。

防止輕視的學習集中術⑭

剛考完試是集中力最高的時候，不要遊玩要好好用功

相信各位都有這樣的經驗，學校考試結束後回到家時，會立刻拿出教科書或參考書來查看看自己寫得對不對。

這種心理稱做「即時確認原理」。也就是說，當人們做完某項工作後，會很想立刻知道自己工作的結果。換言之，即工作結束後對工作本身的關心會提高。美國盛行的程式學習就利用此原理，學生在回答接連出現的問題間，逐漸就能使用機械立刻確認答案。也就是說，學習效果提高了。

照這個理論來看，考試後正是集中用功的絕佳機會。有人認為考完後應該好好玩一玩，但如果能趁機確認試題的答案，你花好幾小時都記不住的東西這時就會立刻進入腦海裡了。

此外，這時所記住的東西也較不易忘。考試完後的「即時確認」並不需要花太多時間，所以千萬不要錯失良機。

防止輕視的學習集中術⑮

感覺一成不變時，就變更讀書地點

讀書時環境因素是最重要的。許多人都有自己的書房，且認為只要一直待在那裡就自然

集中學習的秘訣㉑

創造「作戰的實力」

不要在「過於安靜的地方」讀書，你要有忍受四周雜音的能耐

從2數到23，多數幾次

能用功了。

但這是一大誤解。一直封閉在一個房間裡，就讀書的效率而言，會有不良影響的。因爲人若被封閉在某個特定的空間裡，心理的刺激會減弱而感覺倦怠，學習效率也就減退了。

再就記憶的原理來看，變更地點是有很大的意義的。記憶術大家渡邊剛彰律師在背誦法律條文時，會與所處的房間聯想在一起。「這條是在這個房間裡背的」，使他記憶變得更深刻。

我自己在工作時就不完全是在工作室裡的，常會根據當時的心情變換房間。學生也一樣，讀書並非得在書房不可，有時變更地點也可以提高集中力。

防止輕視的學習集中術⑯

如果房間的二、三面有窗子，就應該將書桌移到正中央去

在二、三面有窗子的開放房間裡，書桌應該擺在什麼地方才好用功呢？許多人會選擇擺在角落裡或窗前，但這卻是造成精神散漫的原因。當然，為了採光的問題擺在窗邊是最好的。但因為是在開放的房間裡，所以即使沒有擺在窗邊，也已經夠亮了。

因此，書桌應該擺在遠離窗子的房間正中央。這樣也會感到四周相當寬敞，而能平靜地集中用功了。

防止輕視的學習集中術⑰

如果在房裡仍感到精神散漫時，就到廁所去讀吧

對大部分人來說，適於讀書的地方，即適於集中精神的地方是與外界隔離的隱蔽場所，不起眼的小角落。

例如，奧地利詩人里爾凱在小修道院裡或人煙稀少、風景平凡的地方裡，最能從事創作。在這些地方，不必在意他人的眼光，也沒有人會阻礙自己的視線，因此可以專注自己的內在。

以這個意義來說，在廁所或小閣樓裡用功，就有重新評估的必要了。

防止輕視的學習集中術⑱

若坐在椅子上仍無法用功時，就直接坐在地上吧

最近社會生活日漸西化，不少人就認為西式方法較有效率、較具功能性。但古時候那種可以席地而坐的書桌，不論是在效率或功能方面，絕不亞於現在椅子式的書桌。

讀書時要用的教科書、參考書、字典等，若桌上不夠放時，就可以隨手放在左右兩邊的地上，讓桌面變得更寬闊。

再者，其具有本質性讀書效果是因為坐在地上時，姿勢變化較自由，有利於心情的轉換，就能毫不疲倦地繼續讀下去。因此，坐在椅子上若無法集中時，就直接坐在地上悠閒地讀吧！

防止輕視的學習集中術⑲

晚上讀書時感到精神散漫，只點抬燈就可以了

對某個對象持續維持注意力的最佳方法，不外就是對它抱持強烈的興趣與關心。因此，對不拿手的、不太感興趣的科目想集中學習時，就得創造合宜的環境才行。從四周取走易使精神散漫的雜物是方法之一，但還是無法集中時該怎麽辦呢？

原則上，四周的東西越不明顯越好。具體的方法之一即利用照明。我們常認為學習的環境越亮越好，把周圍的牆壁粉刷得晶亮。但據研究顯示，明亮的牆壁會使瞳孔變小，妨礙視覺，而造成注意力的分散。照明的效果每增加五—一〇%，人們的效率就會減低二五%以上。也就是說，周圍越明亮，注意就越難集中。因此，只要點亮必要的部分才是提高集中力的正確方法。

防止輕視的學習集中術⑳

在車上讀書時，不要坐著要用站的

肌肉適度的集中有助於頭腦的清晰。人類能站立，就是靠著數百條肌肉微妙的鬆弛、緊張關係而形成的。因此站立可說是使頭腦清晰的絕佳姿勢。以這種姿勢來讀書，當然就較易集中了。

例如，在書店裡站著看書的人，他們的表情都是很認真的。有些人會掏出錢來買書，有些人看看就走了，但他們看書時都是很專注的。或許你也有這樣的經驗，在書店裡瀏覽過的內容，很意外地常會留下深刻的印象。這是因為站著時，為了在短時間了解本書的內容，是否適合，就會很集中的緣故。

由此可知，不只是在書店，在車上、等人等必須站著的時候，正是絕佳的用功機會。想在車上用功時即使有空位也不要坐下來，就站著翻開你的參考書或單字本吧！

大展出版社有限公司 品冠文化出版社	圖書目錄
地址：台北市北投區(石牌) 致遠一路二段12巷1號 郵撥：01669551＜大展＞	電話：(02)28236031 28236033 傳真：(02)28272069

法律專欄連載・大展編號 58

台大法學院　　法律學系／策劃
法律服務社／編著

1. 別讓您的權利睡著了(1)　200 元
2. 別讓您的權利睡著了(2)　200 元

・生 活 廣 場・品冠編號 61・

1.	366 天誕生星	李芳黛譯	280 元
2.	366 天誕生花與誕生石	李芳黛譯	280 元
3.	科學命相	淺野八郎著	220 元
4.	已知的他界科學	陳蒼杰譯	220 元
5.	開拓未來的他界科學	陳蒼杰譯	220 元
6.	世紀末變態心理犯罪檔案	沈永嘉譯	240 元
7.	366 天開運年鑑	林廷宇編著	230 元
8.	色彩學與你	野村順一著	230 元
9.	科學手相	淺野八郎著	230 元
10.	你也能成為戀愛高手	柯富陽編著	220 元
11.	血型與十二星座	許淑瑛編著	230 元
12.	動物測驗—人性現形	淺野八郎著	200 元
13.	愛情、幸福完全自測	淺野八郎著	200 元
14.	輕鬆攻佔女性	趙奕世編著	230 元
15.	解讀命運密碼	郭宗德著	200 元
16.	由客家了解亞洲	高木桂藏著	220 元

・女醫師系列・品冠編號 62

1.	子宮內膜症	國府田清子著	200 元
2.	子宮肌瘤	黑島淳子著	200 元
3.	上班女性的壓力症候群	池下育子著	200 元
4.	漏尿、尿失禁	中田真木著	200 元
5.	高齡生產	大鷹美子著	200 元
6.	子宮癌	上坊敏子著	200 元

7. 避孕　早乙女智子著　200 元
8. 不孕症　中村春根著　200 元
9. 生理痛與生理不順　堀口雅子著　200 元
10. 更年期　野末悅子著　200 元

・傳統民俗療法・品冠編號 63

1. 神奇刀療法　潘文雄著　200 元
2. 神奇拍打療法　安在峰著　200 元
3. 神奇拔罐療法　安在峰著　200 元
4. 神奇艾灸療法　安在峰著　200 元
5. 神奇貼敷療法　安在峰著　200 元
6. 神奇薰洗療法　安在峰著　200 元
7. 神奇耳穴療法　安在峰著　200 元
8. 神奇指針療法　安在峰著　200 元
9. 神奇藥酒療法　安在峰著　200 元
10. 神奇藥茶療法　安在峰著　200 元
11. 神奇推拿療法　張貴荷著　200 元

・彩色圖解保健・品冠編號 64

1. 瘦身　主婦之友社　300 元
2. 腰痛　主婦之友社　300 元
3. 肩膀痠痛　主婦之友社　300 元
4. 腰、膝、腳的疼痛　主婦之友社　300 元
5. 壓力、精神疲勞　主婦之友社　300 元
6. 眼睛疲勞、視力減退　主婦之友社　300 元

・心 想 事 成・品冠編號 65

1. 魔法愛情點心　結城莫拉著　120 元
2. 可愛手工飾品　結城莫拉著　120 元
3. 可愛打扮 & 髮型　結城莫拉著　120 元
4. 撲克牌算命　結城莫拉著　120 元

・少年偵探・品冠編號 66

1. 怪盜二十面相　江戶川亂步著　特價 189 元
2. 少年偵探團　江戶川亂步著　特價 189 元
3. 妖怪博士　江戶川亂步著　特價 189 元
4. 大金塊　江戶川亂步著　特價 230 元
5. 青銅魔人　江戶川亂步著　特價 230 元
6. 地底魔術王　江戶川亂步著　特價 230 元

7. 透明怪人	江戶川亂步著	特價 230 元
8. 怪人四十面相	江戶川亂步著	特價 230 元
9. 宇宙怪人	江戶川亂步著	特價 230 元
10. 恐怖的鐵塔王國	江戶川亂步著	特價 230 元
11. 灰色巨人	江戶川亂步著	特價 230 元
12. 海底魔術師	江戶川亂步著	特價 230 元
13. 黃金豹	江戶川亂步著	
14. 魔法博士	江戶川亂步著	
15. 馬戲怪人	江戶川亂步著	
16. 魔人銅鑼	江戶川亂步著	
17. 魔法人偶	江戶川亂步著	
18. 奇面城的秘密	江戶川亂步著	
19. 夜光人	江戶川亂步著	
20. 塔上的魔術師	江戶川亂步著	
21. 鐵人Q	江戶川亂步著	
22. 假面恐怖王	江戶川亂步著	
23. 電人M	江戶川亂步著	
24. 二十面相的詛咒	江戶川亂步著	
25. 飛天二十面相	江戶川亂步著	
26. 黃金怪獸	江戶川亂步著	

・武 術 特 輯・大展編號 10

1. 陳式太極拳入門	馮志強編著	180 元
2. 武式太極拳	郝少如編著	200 元
3. 練功十八法入門	蕭京凌編著	120 元
4. 教門長拳	蕭京凌編著	150 元
5. 跆拳道	蕭京凌編譯	180 元
6. 正傳合氣道	程曉鈴譯	200 元
7. 圖解雙節棍	陳銘遠著	150 元
8. 格鬥空手道	鄭旭旭編著	200 元
9. 實用跆拳道	陳國榮編著	200 元
10. 武術初學指南	李文英、解守德編著	250 元
11. 泰國拳	陳國榮著	180 元
12. 中國式摔跤	黃 斌編著	180 元
13. 太極劍入門	李德印編著	180 元
14. 太極拳運動	運動司編	250 元
15. 太極拳譜	清・王宗岳等著	280 元
16. 散手初學	冷 峰編著	200 元
17. 南拳	朱瑞琪編著	180 元
18. 吳式太極劍	王培生著	200 元
19. 太極拳健身與技擊	王培生著	250 元
20. 秘傳武當八卦掌	狄兆龍著	250 元
21. 太極拳論譚	沈 壽著	250 元

22. 陳式太極拳技擊法	馬 虹著	250 元
23. 二十四式/三十二式 太極 拳/劍	闞桂香著	180 元
24. 楊式秘傳 129 式太極長拳	張楚全著	280 元
25. 楊式太極拳架詳解	林炳堯著	280 元
26. 華佗五禽劍	劉時榮著	180 元
27. 太極拳基礎講座：基本功與簡化 24 式	李德印著	250 元
28. 武式太極拳精華	薛乃印著	200 元
29. 陳式太極拳拳理闡微	馬 虹著	350 元
30. 陳式太極拳體用全書	馬 虹著	400 元
31. 張三豐太極拳	陳占奎著	200 元
32. 中國太極推手	張 山主編	300 元
33. 48 式太極拳入門	門惠豐編著	220 元
34. 太極拳奇人奇功	嚴翰秀編著	250 元
35. 心意門秘籍	李新民編著	220 元
36. 三才門乾坤戊己功	王培生編著	220 元
37. 武式太極劍精華 +VCD	薛乃印編著	350 元
38. 楊式太極拳	傅鐘文演述	200 元
39. 陳式太極拳、劍 36 式	闞桂香編著	250 元
40. 正宗武式太極拳	薛乃印著	220 元
41. 杜元化＜太極拳正宗＞考析	王海洲等著	300 元
42. ＜珍貴版＞陳式太極拳	沈家楨著	元
43. 24 式太極拳＋VCD	中國國家體育總局著	350 元

・原地太極拳系列・大展編號 11

1. 原地綜合太極拳 24 式	胡啟賢創編	220 元
2. 原地活步太極拳 42 式	胡啟賢創編	200 元
3. 原地簡化太極拳 24 式	胡啟賢創編	200 元
4. 原地太極拳 12 式	胡啟賢創編	200 元

・名師出高徒・大展編號 111

1. 武術基本功與基本動作	劉玉萍編著	200 元
2. 長拳入門與精進	吳彬 等著	220 元
3. 劍術刀術入門與精進	楊柏龍等著	220 元
4. 棍術、槍術入門與精進	邱丕相編著	220 元
5. 南拳入門與精進	朱瑞琪編著	220 元
6. 散手入門與精進	張 山等著	220 元
7. 太極拳入門與精進	李德印編著	元
8. 太極推手入門與精進	田金龍編著	元

・實用武術技擊・大展編號 112

1.	實用自衛拳法	溫佐惠著	250 元
2.	搏擊術精選	陳清山等著	220 元
3.	秘傳防身絕技	陳炳崑著	230 元

・道學文化・大展編號 12

1.	道在養生：道教長壽術	郝　勤等著	250 元
2.	龍虎丹道：道教內丹術	郝　勤著	300 元
3.	天上人間：道教神仙譜系	黃德海著	250 元
4.	步罡踏斗：道教祭禮儀典	張澤洪著	250 元
5.	道醫窺秘：道教醫學康復術	王慶餘等著	250 元
6.	勸善成仙：道教生命倫理	李　剛著	250 元
7.	洞天福地：道教宮觀勝境	沙銘壽著	250 元
8.	青詞碧簫：道教文學藝術	楊光文等著	250 元
9.	沈博絕麗：道教格言精粹	朱耕發等著	250 元

・易學智慧・大展編號 122

1.	易學與管理	余敦康主編	250 元
2.	易學與養生	劉長林等著	300 元
3.	易學與美學	劉綱紀等著	300 元
4.	易學與科技	董光壁著	280 元
5.	易學與建築	韓增祿著	280 元
6.	易學源流	鄭萬耕著	280 元
7.	易學的思維	傅雲龍等著	250 元
8.	周易與易圖	李　申著	250 元

・神算大師・大展編號 123

1.	劉伯溫神算兵法	應　涵編著	280 元
2.	姜太公神算兵法	應　涵編著	280 元
3.	鬼谷子神算兵法	應　涵編著	280 元
4.	諸葛亮神算兵法	應　涵編著	280 元

・秘傳占卜系列・大展編號 14

1.	手相術	淺野八郎著	180 元
2.	人相術	淺野八郎著	180 元
3.	西洋占星術	淺野八郎著	180 元
4.	中國神奇占卜	淺野八郎著	150 元

5.	夢判斷	淺野八郎著	150 元
6.	前世、來世占卜	淺野八郎著	150 元
7.	法國式血型學	淺野八郎著	150 元
8.	靈感、符咒學	淺野八郎著	150 元
9.	紙牌占卜術	淺野八郎著	150 元
10.	ESP 超能力占卜	淺野八郎著	150 元
11.	猶太數的秘術	淺野八郎著	150 元
12.	新心理測驗	淺野八郎著	160 元
13.	塔羅牌預言秘法	淺野八郎著	200 元

・趣味心理講座・大展編號 15

1.	性格測驗① 探索男與女	淺野八郎著	140 元
2.	性格測驗② 透視人心奧秘	淺野八郎著	140 元
3.	性格測驗③ 發現陌生的自己	淺野八郎著	140 元
4.	性格測驗④ 發現你的真面目	淺野八郎著	140 元
5.	性格測驗⑤ 讓你們吃驚	淺野八郎著	140 元
6.	性格測驗⑥ 洞穿心理盲點	淺野八郎著	140 元
7.	性格測驗⑦ 探索對方心理	淺野八郎著	140 元
8.	性格測驗⑧ 由吃認識自己	淺野八郎著	160 元
9.	性格測驗⑨ 戀愛知多少	淺野八郎著	160 元
10.	性格測驗⑩ 由裝扮瞭解人心	淺野八郎著	160 元
11.	性格測驗⑪ 敲開內心玄機	淺野八郎著	140 元
12.	性格測驗⑫ 透視你的未來	淺野八郎著	160 元
13.	血型與你的一生	淺野八郎著	160 元
14.	趣味推理遊戲	淺野八郎著	160 元
15.	行為語言解析	淺野八郎著	160 元

・婦 幼 天 地・大展編號 16

1.	八萬人減肥成果	黃靜香譯	180 元
2.	三分鐘減肥體操	楊鴻儒譯	150 元
3.	窈窕淑女美髮秘訣	柯素娥譯	130 元
4.	使妳更迷人	成　玉譯	130 元
5.	女性的更年期	官舒妍編譯	160 元
6.	胎內育兒法	李玉瓊編譯	150 元
7.	早產兒袋鼠式護理	唐岱蘭譯	200 元
8.	初次懷孕與生產	婦幼天地編譯組	180 元
9.	初次育兒 12 個月	婦幼天地編譯組	180 元
10.	斷乳食與幼兒食	婦幼天地編譯組	180 元
11.	培養幼兒能力與性向	婦幼天地編譯組	180 元
12.	培養幼兒創造力的玩具與遊戲	婦幼天地編譯組	180 元
13.	幼兒的症狀與疾病	婦幼天地編譯組	180 元

14. 腿部苗條健美法	婦幼天地編譯組	180 元
15. 女性腰痛別忽視	婦幼天地編譯組	150 元
16. 舒展身心體操術	李玉瓊編譯	130 元
17. 三分鐘臉部體操	趙薇妮著	160 元
18. 生動的笑容表情術	趙薇妮著	160 元
19. 心曠神怡減肥法	川津祐介著	130 元
20. 內衣使妳更美麗	陳玄茹譯	130 元
21. 瑜伽美姿美容	黃靜香編著	180 元
22. 高雅女性裝扮學	陳珮玲譯	180 元
23. 蠶糞肌膚美顏法	坂梨秀子著	160 元
24. 認識妳的身體	李玉瓊譯	160 元
25. 產後恢復苗條體態	居理安・芙萊喬著	200 元
26. 正確護髮美容法	山崎伊久江著	180 元
27. 安琪拉美姿養生學	安琪拉蘭斯博瑞著	180 元
28. 女體性醫學剖析	增田豐著	220 元
29. 懷孕與生產剖析	岡部綾子著	180 元
30. 斷奶後的健康育兒	東城百合子著	220 元
31. 引出孩子幹勁的責罵藝術	多湖輝著	170 元
32. 培養孩子獨立的藝術	多湖輝著	170 元
33. 子宮肌瘤與卵巢囊腫	陳秀琳編著	180 元
34. 下半身減肥法	納他夏・史達賓著	180 元
35. 女性自然美容法	吳雅菁編著	180 元
36. 再也不發胖	池園悅太郎著	170 元
37. 生男生女控制術	中垣勝裕著	220 元
38. 使妳的肌膚更亮麗	楊　皓編著	170 元
39. 臉部輪廓變美	芝崎義夫著	180 元
40. 斑點、皺紋自己治療	高須克彌著	180 元
41. 面皰自己治療	伊藤雄康著	180 元
42. 隨心所欲瘦身冥想法	原久子著	180 元
43. 胎兒革命	鈴木丈織著	180 元
44. NS 磁氣平衡法塑造窈窕奇蹟	古屋和江著	180 元
45. 享瘦從腳開始	山田陽子著	180 元
46. 小改變瘦 4 公斤	宮本裕子著	180 元
47. 軟管減肥瘦身	高橋輝男著	180 元
48. 海藻精神秘美容法	劉名揚編著	180 元
49. 肌膚保養與脫毛	鈴木真理著	180 元
50. 10 天減肥 3 公斤	彤雲編輯組	180 元
51. 穿出自己的品味	西村玲子著	280 元
52. 小孩髮型設計	李芳黛譯	250 元

・青春天地・大展編號 17

1. A 血型與星座	柯素娥編譯	160 元
2. B 血型與星座	柯素娥編譯	160 元

3. O血型與星座　柯素娥編譯　160元
4. AB血型與星座　柯素娥編譯　120元
5. 青春期性教室　呂貴嵐編譯　130元
7. 難解數學破題　宋釗宜編譯　130元
9. 小論文寫作秘訣　林顯茂編譯　120元
11. 中學生野外遊戲　熊谷康編著　120元
12. 恐怖極短篇　柯素娥編譯　130元
13. 恐怖夜話　小毛驢編譯　130元
14. 恐怖幽默短篇　小毛驢編譯　120元
15. 黑色幽默短篇　小毛驢編譯　120元
16. 靈異怪談　小毛驢編譯　130元
17. 錯覺遊戲　小毛驢編著　130元
18. 整人遊戲　小毛驢編著　150元
19. 有趣的超常識　柯素娥編譯　130元
20. 哦！原來如此　林慶旺編譯　130元
21. 趣味競賽100種　劉名揚編譯　120元
22. 數學謎題入門　宋釗宜編譯　150元
23. 數學謎題解析　宋釗宜編譯　150元
24. 透視男女心理　林慶旺編譯　120元
25. 少女情懷的自白　李桂蘭編譯　120元
26. 由兄弟姊妹看命運　李玉瓊編譯　130元
27. 趣味的科學魔術　林慶旺編譯　150元
28. 趣味的心理實驗室　李燕玲編譯　150元
29. 愛與性心理測驗　小毛驢編譯　130元
30. 刑案推理解謎　小毛驢編譯　180元
31. 偵探常識推理　小毛驢編譯　180元
32. 偵探常識解謎　小毛驢編譯　130元
33. 偵探推理遊戲　小毛驢編譯　180元
34. 趣味的超魔術　廖玉山編著　150元
35. 趣味的珍奇發明　柯素娥編著　150元
36. 登山用具與技巧　陳瑞菊編著　150元
37. 性的漫談　蘇燕謀編著　180元
38. 無的漫談　蘇燕謀編著　180元
39. 黑色漫談　蘇燕謀編著　180元
40. 白色漫談　蘇燕謀編著　180元

・健康天地・大展編號18

1. 壓力的預防與治療　柯素娥編譯　130元
2. 超科學氣的魔力　柯素娥編譯　130元
3. 尿療法治病的神奇　中尾良一著　130元
4. 鐵證如山的尿療法奇蹟　廖玉山譯　120元
5. 一日斷食健康法　葉慈容編譯　150元
6. 胃部強健法　陳炳崑譯　120元

7. 癌症早期檢查法	廖松濤譯	160 元
8. 老人痴呆症防止法	柯素娥編譯	170 元
9. 松葉汁健康飲料	陳麗芬編譯	150 元
10. 揉肚臍健康法	永井秋夫著	150 元
11. 過勞死、猝死的預防	卓秀貞編譯	130 元
12. 高血壓治療與飲食	藤山順豐著	180 元
13. 老人看護指南	柯素娥編譯	150 元
14. 美容外科淺談	楊啟宏著	150 元
15. 美容外科新境界	楊啟宏著	150 元
16. 鹽是天然的醫生	西英司郎著	140 元
17. 年輕十歲不是夢	梁瑞麟譯	200 元
18. 茶料理治百病	桑野和民著	180 元
19. 綠茶治病寶典	桑野和民著	150 元
20. 杜仲茶養顏減肥法	西田博著	170 元
21. 蜂膠驚人療效	瀨長良三郎著	180 元
22. 蜂膠治百病	瀨長良三郎著	180 元
23. 醫藥與生活(一)	鄭炳全著	180 元
24. 鈣長生寶典	落合敏著	180 元
25. 大蒜長生寶典	木下繁太郎著	160 元
26. 居家自我健康檢查	石川恭三著	160 元
27. 永恆的健康人生	李秀鈴譯	200 元
28. 大豆卵磷脂長生寶典	劉雪卿譯	150 元
29. 芳香療法	梁艾琳譯	160 元
30. 醋長生寶典	柯素娥譯	180 元
31. 從星座透視健康	席拉・吉蒂斯著	180 元
32. 愉悅自在保健學	野本二士夫著	160 元
33. 裸睡健康法	丸山淳士等著	160 元
34. 糖尿病預防與治療	藤山順豐著	180 元
35. 維他命長生寶典	菅原明子著	180 元
36. 維他命 C 新效果	鐘文訓編	150 元
37. 手、腳病理按摩	堤芳朗著	160 元
38. AIDS 瞭解與預防	彼得塔歇爾著	180 元
39. 甲殼質殼聚糖健康法	沈永嘉譯	160 元
40. 神經痛預防與治療	木下真男著	160 元
41. 室內身體鍛鍊法	陳炳崑編著	160 元
42. 吃出健康藥膳	劉大器編著	180 元
43. 自我指壓術	蘇燕謀編著	160 元
44. 紅蘿蔔汁斷食療法	李玉瓊編著	150 元
45. 洗心術健康秘法	竺翠萍編譯	170 元
46. 枇杷葉健康療法	柯素娥編譯	180 元
47. 抗衰血癒	楊啟宏著	180 元
48. 與癌搏鬥記	逸見政孝著	180 元
49. 冬蟲夏草長生寶典	高橋義博著	170 元
50. 痔瘡・大腸疾病先端療法	宮島伸宜著	180 元

51. 膠布治癒頑固慢性病	加瀨建造著	180 元
52. 芝麻神奇健康法	小林貞作著	170 元
53. 香煙能防止癡呆？	高田明和著	180 元
54. 穀菜食治癌療法	佐藤成志著	180 元
55. 貼藥健康法	松原英多著	180 元
56. 克服癌症調和道呼吸法	帶津良一著	180 元
57. B 型肝炎預防與治療	野村喜重郎著	180 元
58. 青春永駐養生導引術	早島正雄著	180 元
59. 改變呼吸法創造健康	原久子著	180 元
60. 荷爾蒙平衡養生秘訣	出村博著	180 元
61. 水美肌健康法	井戶勝富著	170 元
62. 認識食物掌握健康	廖梅珠編著	170 元
63. 痛風劇痛消除法	鈴木吉彥著	180 元
64. 酸莖菌驚人療效	上田明彥著	180 元
65. 大豆卵磷脂治現代病	神津健一著	200 元
66. 時辰療法—危險時刻凌晨 4 時	呂建強等著	180 元
67. 自然治癒力提升法	帶津良一著	180 元
68. 巧妙的氣保健法	藤平墨子著	180 元
69. 治癒 C 型肝炎	熊田博光著	180 元
70. 肝臟病預防與治療	劉名揚編著	180 元
71. 腰痛平衡療法	荒井政信著	180 元
72. 根治多汗症、狐臭	稻葉益巳著	220 元
73. 40 歲以後的骨質疏鬆症	沈永嘉譯	180 元
74. 認識中藥	松下一成著	180 元
75. 認識氣的科學	佐佐木茂美著	180 元
76. 我戰勝了癌症	安田伸著	180 元
77. 斑點是身心的危險信號	中野進著	180 元
78. 艾波拉病毒大震撼	玉川重德著	180 元
79. 重新還我黑髮	桑名隆一郎著	180 元
80. 身體節律與健康	林博史著	180 元
81. 生薑治萬病	石原結實著	180 元
82. 靈芝治百病	陳瑞東著	180 元
83. 木炭驚人的威力	大槻彰著	200 元
84. 認識活性氧	井土貴司著	180 元
85. 深海鮫治百病	廖玉山編著	180 元
86. 神奇的蜂王乳	井上丹治著	180 元
87. 卡拉 OK 健腦法	東潔著	180 元
88. 卡拉 OK 健康法	福田伴男著	180 元
89. 醫藥與生活㈡	鄭炳全著	200 元
90. 洋蔥治百病	宮尾興平著	180 元
91. 年輕 10 歲快步健康法	石塚忠雄著	180 元
92. 石榴的驚人神效	岡本順子著	180 元
93. 飲料健康法	白鳥早奈英著	180 元
94. 健康棒體操	劉名揚編譯	180 元

95. 催眠健康法	蕭京凌編著	180 元
96. 鬱金（美王）治百病	水野修一著	180 元
97. 醫藥與生活(三)	鄭炳全著	200 元

・實用女性學講座・大展編號 19

1. 解讀女性內心世界	島田一男著	150 元
2. 塑造成熟的女性	島田一男著	150 元
3. 女性整體裝扮學	黃靜香編著	180 元
4. 女性應對禮儀	黃靜香編著	180 元
5. 女性婚前必修	小野十傳著	200 元
6. 徹底瞭解女人	田口二州著	180 元
7. 拆穿女性謊言 88 招	島田一男著	200 元
8. 解讀女人心	島田一男著	200 元
9. 俘獲女性絕招	志賀貢著	200 元
10. 愛情的壓力解套	中村理英子著	200 元
11. 妳是人見人愛的女孩	廖松濤編著	200 元

・校園系列・大展編號 20

1. 讀書集中術	多湖輝著	180 元
2. 應考的訣竅	多湖輝著	150 元
3. 輕鬆讀書贏得聯考	多湖輝著	180 元
4. 讀書記憶秘訣	多湖輝著	180 元
5. 視力恢復！超速讀術	江錦雲譯	180 元
6. 讀書 36 計	黃柏松編著	180 元
7. 驚人的速讀術	鐘文訓編著	170 元
8. 學生課業輔導良方	多湖輝著	180 元
9. 超速讀超記憶法	廖松濤編著	180 元
10. 速算解題技巧	宋釗宜編著	200 元
11. 看圖學英文	陳炳崑編著	200 元
12. 讓孩子最喜歡數學	沈永嘉譯	180 元
13. 催眠記憶術	林碧清譯	180 元
14. 催眠速讀術	林碧清譯	180 元
15. 數學式思考學習法	劉淑錦譯	200 元
16. 考試憑要領	劉孝暉著	180 元
17. 事半功倍讀書法	王毅希著	200 元
18. 超金榜題名術	陳蒼杰譯	200 元
19. 靈活記憶術	林耀慶編著	180 元
20. 數學增強要領	江修楨編著	180 元

・實用心理學講座・大展編號 21

1.	拆穿欺騙伎倆	多湖輝著	140 元
2.	創造好構想	多湖輝著	140 元
3.	面對面心理術	多湖輝著	160 元
4.	偽裝心理術	多湖輝著	140 元
5.	透視人性弱點	多湖輝著	180 元
6.	自我表現術	多湖輝著	180 元
7.	不可思議的人性心理	多湖輝著	180 元
8.	催眠術入門	多湖輝著	150 元
9.	責罵部屬的藝術	多湖輝著	150 元
10.	精神力	多湖輝著	150 元
11.	厚黑說服術	多湖輝著	150 元
12.	集中力	多湖輝著	150 元
13.	構想力	多湖輝著	150 元
14.	深層心理術	多湖輝著	160 元
15.	深層語言術	多湖輝著	160 元
16.	深層說服術	多湖輝著	180 元
17.	掌握潛在心理	多湖輝著	160 元
18.	洞悉心理陷阱	多湖輝著	180 元
19.	解讀金錢心理	多湖輝著	180 元
20.	拆穿語言圈套	多湖輝著	180 元
21.	語言的內心玄機	多湖輝著	180 元
22.	積極力	多湖輝著	180 元

・超現實心靈講座・大展編號 22

1.	超意識覺醒法	詹蔚芬編譯	130 元
2.	護摩秘法與人生	劉名揚編譯	130 元
3.	秘法！超級仙術入門	陸明譯	150 元
4.	給地球人的訊息	柯素娥編著	150 元
5.	密教的神通力	劉名揚編著	130 元
6.	神秘奇妙的世界	平川陽一著	200 元
7.	地球文明的超革命	吳秋嬌譯	200 元
8.	力量石的秘密	吳秋嬌譯	180 元
9.	超能力的靈異世界	馬小莉譯	200 元
10.	逃離地球毀滅的命運	吳秋嬌譯	200 元
11.	宇宙與地球終結之謎	南山宏著	200 元
12.	驚世奇功揭秘	傅起鳳著	200 元
13.	啟發身心潛力心象訓練法	栗田昌裕著	180 元
14.	仙道術遁甲法	高藤聰一郎著	220 元
15.	神通力的秘密	中岡俊哉著	180 元
16.	仙人成仙術	高藤聰一郎著	200 元

17. 仙道符咒氣功法	高藤聰一郎著	220 元
18. 仙道風水術尋龍法	高藤聰一郎著	200 元
19. 仙道奇蹟超幻像	高藤聰一郎著	200 元
20. 仙道鍊金術房中法	高藤聰一郎著	200 元
21. 奇蹟超醫療治癒難病	深野一幸著	220 元
22. 揭開月球的神秘力量	超科學研究會	180 元
23. 西藏密教奧義	高藤聰一郎著	250 元
24. 改變你的夢術入門	高藤聰一郎著	250 元
25. 21 世紀拯救地球超技術	深野一幸著	250 元

・養 生 保 健・大展編號 23

1. 醫療養生氣功	黃孝寬著	250 元
2. 中國氣功圖譜	余功保著	250 元
3. 少林醫療氣功精粹	井玉蘭著	250 元
4. 龍形實用氣功	吳大才等著	220 元
5. 魚戲增視強身氣功	宮　嬰著	220 元
6. 嚴新氣功	前新培金著	250 元
7. 道家玄牝氣功	張　章著	200 元
8. 仙家秘傳袪病功	李遠國著	160 元
9. 少林十大健身功	秦慶豐著	180 元
10. 中國自控氣功	張明武著	250 元
11. 醫療防癌氣功	黃孝寬著	250 元
12. 醫療強身氣功	黃孝寬著	250 元
13. 醫療點穴氣功	黃孝寬著	250 元
14. 中國八卦如意功	趙維漢著	180 元
15. 正宗馬禮堂養氣功	馬禮堂著	420 元
16. 秘傳道家筋經內丹功	王慶餘著	300 元
17. 三元開慧功	辛桂林著	250 元
18. 防癌治癌新氣功	郭　林著	180 元
19. 禪定與佛家氣功修煉	劉天君著	200 元
20. 顛倒之術	梅自強著	360 元
21. 簡明氣功辭典	吳家駿編	360 元
22. 八卦三合功	張全亮著	230 元
23. 朱砂掌健身養生功	楊永著	250 元
24. 抗老功	陳九鶴著	230 元
25. 意氣按穴排濁自療法	黃啟運編著	250 元
26. 陳式太極拳養生功	陳正雷著	200 元
27. 健身祛病小功法	王培生著	200 元
28. 張式太極混元功	張春銘著	250 元
29. 中國璇密功	羅琴編著	250 元
30. 中國少林禪密功	齊飛龍著	200 元
31. 郭林新氣功	郭林新氣功研究所	400 元
32. 太極八卦之源與健身養生	鄭志鴻等著	280 元

·社會人智囊·大展編號 24

1.	糾紛談判術	清水增三著	160 元
2.	創造關鍵術	淺野八郎著	150 元
3.	觀人術	淺野八郎著	200 元
4.	應急詭辯術	廖英迪編著	160 元
5.	天才家學習術	木原武一著	160 元
6.	貓型狗式鑑人術	淺野八郎著	180 元
7.	逆轉運掌握術	淺野八郎著	180 元
8.	人際圓融術	澀谷昌三著	160 元
9.	解讀人心術	淺野八郎著	180 元
10.	與上司水乳交融術	秋元隆司著	180 元
11.	男女心態定律	小田晉著	180 元
12.	幽默說話術	林振輝編著	200 元
13.	人能信賴幾分	淺野八郎著	180 元
14.	我一定能成功	李玉瓊譯	180 元
15.	獻給青年的嘉言	陳蒼杰譯	180 元
16.	知人、知面、知其心	林振輝編著	180 元
17.	塑造堅強的個性	坂上肇著	180 元
18.	為自己而活	佐藤綾子著	180 元
19.	未來十年與愉快生活有約	船井幸雄著	180 元
20.	超級銷售話術	杜秀卿譯	180 元
21.	感性培育術	黃靜香編著	180 元
22.	公司新鮮人的禮儀規範	蔡媛惠譯	180 元
23.	傑出職員鍛鍊術	佐佐木正著	180 元
24.	面談獲勝戰略	李芳黛譯	180 元
25.	金玉良言撼人心	森純大著	180 元
26.	男女幽默趣典	劉華亭編著	180 元
27.	機智說話術	劉華亭編著	180 元
28.	心理諮商室	柯素娥譯	180 元
29.	如何在公司崢嶸頭角	佐佐木正著	180 元
30.	機智應對術	李玉瓊編著	200 元
31.	克服低潮良方	坂野雄二著	180 元
32.	智慧型說話技巧	沈永嘉編著	180 元
33.	記憶力、集中力增進術	廖松濤編著	180 元
34.	女職員培育術	林慶旺編著	180 元
35.	自我介紹與社交禮儀	柯素娥編著	180 元
36.	積極生活創幸福	田中真澄著	180 元
37.	妙點子超構想	多湖輝著	180 元
38.	說 NO 的技巧	廖玉山編著	180 元
39.	一流說服力	李玉瓊編著	180 元
40.	般若心經成功哲學	陳鴻蘭編著	180 元
41.	訪問推銷術	黃靜香編著	180 元

42. 男性成功秘訣	陳蒼杰編著	180 元
43. 笑容、人際智商	宮川澄子著	180 元
44. 多湖輝的構想工作室	多湖輝著	200 元
45. 名人名語啟示錄	喬家楓著	180 元
46. 口才必勝術	黃柏松編著	220 元
47. 能言善道的說話秘訣	章智冠編著	180 元
48. 改變人心成為贏家	多湖輝著	200 元
49. 說服的ＩＱ	沈永嘉譯	200 元
50. 提升腦力超速讀術	齊藤英治著	200 元
51. 操控對手百戰百勝	多湖輝著	200 元
52. 面試成功戰略	柯素娥編著	200 元
53. 摸透男人心	劉華亭編著	180 元
54. 撼動人心優勢口才	龔伯牧編著	180 元
55. 如何使對方說 yes	程　羲編著	200 元
56. 小道理・美好生活	林政峰編著	180 元
57. 拿破崙智慧箴言	柯素娥編著	200 元
58. 解開第六感之謎	匠英一編著	200 元
59. 讀心術入門	王嘉成編著	180 元
60. 這趟人生怎麼走	李亦盛編著	200 元
61. 這趟人生真逍遙	李亦盛編著	元

・精 選 系 列・大展編號 25

1. 毛澤東與鄧小平	渡邊利夫等著	280 元
2. 中國大崩裂	江戶介雄著	180 元
3. 台灣・亞洲奇蹟	上村幸治著	220 元
4. 7-ELEVEN 高盈收策略	國友隆一著	180 元
5. 台灣獨立（新・中國日本戰爭一）	森詠著	200 元
6. 迷失中國的末路	江戶雄介著	220 元
7. 2000 年 5 月全世界毀滅	紫藤甲子男著	180 元
8. 失去鄧小平的中國	小島朋之著	220 元
9. 世界史爭議性異人傳	桐生操著	200 元
10. 淨化心靈享人生	松濤弘道著	220 元
11. 人生心情診斷	賴藤和寬著	220 元
12. 中美大決戰	檜山良昭著	220 元
13. 黃昏帝國美國	莊雯琳譯	220 元
14. 兩岸衝突（新・中國日本戰爭二）	森詠著	220 元
15. 封鎖台灣（新・中國日本戰爭三）	森詠著	220 元
16. 中國分裂（新・中國日本戰爭四）	森詠著	220 元
17. 由女變男的我	虎井正衛著	200 元
18. 佛學的安心立命	松濤弘道著	220 元
19. 世界喪禮大觀	松濤弘道著	280 元
20. 中國內戰（新・中國日本戰爭五）	森詠著	220 元
21. 台灣內亂（新・中國日本戰爭六）	森詠著	220 元

22. 琉球戰爭 ①（新・中國日本戰爭七） 森詠著 220元
23. 琉球戰爭 ②（新・中國日本戰爭八） 森詠著 220元
24. 台海戰爭（新・中國日本戰爭九） 森詠著 220元
25. 美中開戰（新・中國日本戰爭十） 森詠著 220元

・運動遊戲・大展編號 26

1. 雙人運動	李玉瓊譯	160元
2. 愉快的跳繩運動	廖玉山譯	180元
3. 運動會項目精選	王佑京譯	150元
4. 肋木運動	廖玉山譯	150元
5. 測力運動	王佑宗譯	150元
6. 游泳入門	唐桂萍編著	200元
7. 帆板衝浪	王勝利譯	300元
8. 蛙泳七日通	溫仲華編著	180元

・休閒娛樂・大展編號 27

1. 海水魚飼養法	田中智浩著	300元
2. 金魚飼養法	曾雪玫譯	250元
3. 熱門海水魚	毛利匡明著	480元
4. 愛犬的教養與訓練	池田好雄著	250元
5. 狗教養與疾病	杉浦哲著	220元
6. 小動物養育技巧	三上昇著	300元
7. 水草選擇、培育、消遣	安齊裕司著	300元
8. 四季釣魚法	釣朋會著	200元
9. 簡易釣魚入門	張果馨譯	200元
10. 防波堤釣入門	張果馨譯	220元
11. 透析愛犬習性	沈永嘉譯	200元
20. 園藝植物管理	船越亮二著	220元
21. 實用家庭菜園ＤＩＹ	孔翔儀著	200元
30. 汽車急救ＤＩＹ	陳瑞雄編著	200元
31. 巴士旅行遊戲	陳羲編著	180元
32. 測驗你的ＩＱ	蕭京凌編著	180元
33. 益智數字遊戲	廖玉山編著	180元
40. 撲克牌遊戲與贏牌秘訣	林振輝編著	180元
41. 撲克牌魔術、算命、遊戲	林振輝編著	180元
42. 撲克占卜入門	王家成編著	180元
50. 兩性幽默	幽默選集編輯組	180元
51. 異色幽默	幽默選集編輯組	180元
52. 幽默魔法鏡	玄虛叟編著	180元
53. 幽默樂透站	玄虛叟編著	180元
70. 亞洲真實恐怖事件	楊鴻儒譯	200元

・銀髮族智慧學・大展編號 28

1. 銀髮六十樂逍遙　多湖輝著　170 元
2. 人生六十反年輕　多湖輝著　170 元
3. 六十歲的決斷　多湖輝著　170 元
4. 銀髮族健身指南　孫瑞台編著　250 元
5. 退休後的夫妻健康生活　施聖茹譯　200 元

・飲 食 保 健・大展編號 29

1. 自己製作健康茶　大海淳著　220 元
2. 好吃、具藥效茶料理　德永睦子著　220 元
3. 改善慢性病健康藥草茶　吳秋嬌譯　200 元
4. 藥酒與健康果菜汁　成玉編著　250 元
5. 家庭保健養生湯　馬汴梁編著　220 元
6. 降低膽固醇的飲食　早川和志著　200 元
7. 女性癌症的飲食　女子營養大學　280 元
8. 痛風者的飲食　女子營養大學　280 元
9. 貧血者的飲食　女子營養大學　280 元
10. 高脂血症者的飲食　女子營養大學　280 元
11. 男性癌症的飲食　女子營養大學　280 元
12. 過敏者的飲食　女子營養大學　280 元
13. 心臟病的飲食　女子營養大學　280 元
14. 滋陰壯陽的飲食　王增著　220 元
15. 胃、十二指腸潰瘍的飲食　勝健一等著　280 元
16. 肥胖者的飲食　雨宮禎子等著　280 元
17. 癌症有效的飲食　河內卓等著　300 元
18. 糖尿病有效的飲食　山田信博等著　300 元
19. 骨質疏鬆症有效的飲食　板橋明等著　300 元
20. 高血壓有效的飲食　大內尉義著　300 元

・家庭醫學保健・大展編號 30

1. 女性醫學大全　雨森良彥著　380 元
2. 初為人父育兒寶典　小瀧周曹著　220 元
3. 性活力強健法　相建華著　220 元
4. 30 歲以上的懷孕與生產　李芳黛編著　220 元
5. 舒適的女性更年期　野末悅子著　200 元
6. 夫妻前戲的技巧　笠井寬司著　200 元
7. 病理足穴按摩　金慧明著　220 元
8. 爸爸的更年期　河野孝旺著　200 元
9. 橡皮帶健康法　山田晶著　180 元
10. 三十三天健美減肥　相建華等著　180 元

國家圖書館出版品預行編目資料

讀書集中術 / 多湖輝著，陳秀淳譯－初版；
－臺北市　大展　，　民 83
面　；　21 公分　－（校園系列；1）
譯自：合格集中術
ISBN 957-557-460-5（平裝）
1. 學習心理學

521.19　　83006704

本書原名：合格集中術
原出版社：株式会社 ごま書房（日本國）
原著作者：©Akira Tago 1993
版權代理：宏儒企業有限公司

讀書集中術　　ISBN 957-557-460-5

原 著 者 / 多 湖　輝
編 譯 者 / 陳　秀　淳
發 行 人 / 蔡　森　明
出 版 者 / 大展出版社有限公司
社　　址 / 台北市北投區（石牌）致遠一路 2 段 12 巷 1 號
電　　話 /（02）28236031・28236033・28233123
傳　　真 /（02）28272069
郵政劃撥 / 01669551
E - mail / dah_jaan@yahoo.com.tw
登 記 證 / 局版臺業字第 2171 號
承 印 者 / 高星印刷品行
裝　　訂 / 日新裝訂所
排 版 者 / 千兵企業有限公司
初版 1 刷 / 1994 年（民 83 年）9 月
3　　刷 / 1997 年（民 86 年）8 月
4　　刷 / 1999 年（民 88 年）7 月
5　　刷 / 2002 年（民 91 年）9 月

定價 / 180 元

大展好書　好書大展
品嘗好書　冠群可期

大展好書　好書大展
品嘗好書　冠群可期